Bucătăria mediteraneană 2023
Rețete delicioase și sănătoase pentru a gusta soarele în farfurie

Ana Maria Popescu

Conținut

kushari 10

Bulgur cu roșii și năut 13

Macaroane cu macrou 15

Maccheroni cu rosii cherry si hamsii 17

Risotto cu lamaie si creveti 19

Spaghete cu midii 21

Supă grecească de pește 23

Orez Venere cu creveți 25

Pennette cu somon și vodcă 27

Fructe de mare Carbonara 29

Garganelli cu pesto de dovlecei și creveți 31

risotto cu somon 34

Paste cu roșii cherry și hamsii 36

Orecchiette cu broccoli și cârnați 38

Risotto cu cicoare si bacon afumat 40

Paste alla Genovese 42

Paste cu conopidă din Napoli 45

Paste și fagioli cu portocale și fenicul 47

Spaghetti la Limone 49

Cuscus de legume condimentat 50

Orez copt condimentat cu fenicul 52

Cușcuș în stil marocan cu năut 54

Paella vegetariană cu fasole verde și năut 56

Creveți usturoi cu roșii și busuioc 58

Paella de creveți 60

Salata de linte cu masline, menta si feta 62

Naut cu usturoi si patrunjel 64

Naut la abur cu vinete si rosii 66

Orez grecesc cu lămâie 68

Orez cu ierburi cu usturoi 70

Salată de orez mediteranean 72

Salată cu fasole proaspătă și ton 74

Paste delicioase cu pui 76

Arome de bol de orez cu taco 78

Mac & brânză gustoase 80

Orez cu castraveți și măsline 82

Arome Risotto cu ierburi 84

Paste delicioase Primavera 86

Paste cu ardei copți 88

Brânză Busuioc Roșii Orez 90

Mac & Cheese 92

Paste cu ton 94

Panini amestec de avocado și curcan 96

Wrap de castraveți, pui și mango 98

Fattoush - pâine din Orientul Mijlociu 100

Midiile pe vin alb 102

Dilly somon 104

Somon neted 106

Melodie cu ton 107

brânză de mare 108

Fripturi sănătoase 109

somon cu ierburi 110
Ton Glasat Smokey 111
Halibut crocant 112
Ton potrivit 113
Fripturi de pește calde și proaspete 113
Shells O'Marine 115
Roast Beef Mediteranean la cuptor lent 116
Carne de vită mediteraneană Slow Cooker cu anghinare 118
Friptură slabă mediteraneană într-un aragaz lent 120
Friptură de carne într-un aragaz lent 122
Hoagies cu carne de vită mediteraneană la fierbere lentă 124
Friptură de porc mediteraneană 126
pizza de vita 128
Chiftele de vită și bulgur 131
Carne de vită și broccoli gustoasă 133
Carne de Vită Porumb Chili 134
Mancare balsamica de vita 136
Roast beef cu sos de soia 138
Friptură de vită cu rozmarin 140
Cotlete de porc și sos de roșii 142
Pui cu sos de capere 143
Burger de curcan cu salsa de mango 145
Piept de curcan fript cu ierburi 147
Cârnați de pui și boia de ardei 149
Pui Piccata 151
Pui toscan la tigaie 153
Pui Kapama 155

Piept de pui umplut cu spanac si feta 157

Pulpe de pui prăjite cu rozmarin 159

Pui cu ceapa, cartofi, smochine si morcovi 159

Gyros de pui cu tzatziki 162

musaca 164

Muschiu de porc din Dijon si ierburi 166

Friptură cu sos de ciuperci de vin roșu 168

chiftele grecești 171

Miel cu fasole 173

Pui in sos balsamic de rosii 175

Orez brun, feta, mazăre proaspătă și salată de mentă 177

Pâine pita din grâu integral umplută cu măsline și năut 179

Morcovi prajiti cu nuca si fasole cannellini 181

Pui cu unt condimentat 183

Pui cu branza dubla cu bacon 185

Creveți cu lămâie și piper 187

Halibut copt și condimentat 189

Un simplu zoodle 191

Învelișuri de linte pentru roșii 192

Vas cu legume mediteraneene 194

Acoperiți cu legume la grătar și hummus 196

fasole verde spaniolă 198

Haș rustic de conopidă și morcovi 199

Conopida si rosii la cuptor 200

Dovleac ghinda copt 202

Spanac cu usturoi prajit 204

Dovlecei prăjiți cu usturoi și mentă 206

Bame înăbușite 206

Ardei dulci umpluti cu legume 208

Musaca de vinete 210

Frunze de struguri umplute cu legume 212

Rulouri de vinete la gratar 214

Chișuvele crocante de dovlecel 216

kushari

Timp de preparare: 25 minute

timpul să gătească: 1 oră și 20 de minute

Porții: 8

Dificultate: greu D

Ingrediente:

- pentru sos
- 2 linguri de ulei de măsline
- 2 catei de usturoi, tocati
- 1 conserve (16 uncii) de sos de roșii
- ¼ cană oțet alb
- ¼ cană de harissa sau cumpărat în magazin
- 1/8 lingurita sare
- Pentru orez
- 1 cană de ulei de măsline
- 2 cepe, feliate subțiri
- 2 căni de linte brună uscată
- 4 litri plus ½ cană apă, împărțit
- 2 căni de orez cu bob rotund
- 1 lingurita de sare
- 1 kilogram de paste cu cotul scurt
- 1 conserve (15 uncii) de năut, scurs și clătit

Instrucțiuni:

Pentru a pregăti sosul

Încinge uleiul de măsline într-o cratiță. Prăjiți usturoiul. Se amestecă sosul de roșii, oțetul, harissa și sarea. Aduceți sosul la fierbere. Reduceți focul la mic și fierbeți timp de 20 de minute sau până când sosul s-a îngroșat. Scoateți și lăsați deoparte.

Pentru a face orez

Pregătiți farfuria cu prosoape de hârtie și lăsați deoparte. Încinge uleiul de măsline într-o tigaie mare la foc mediu-mare. Prăjiți ceapa, amestecând des, până devine crocantă și aurie. Se pune ceapa pe farfuria pregatita si se pune deoparte. Rezervați 2 linguri de ulei pentru gătit. Rezervă o tigaie.

Combinați lintea și 4 căni de apă într-o cratiță la foc mare. Se aduce la fierbere și se fierbe timp de 20 de minute. Scurgeți și stropiți cu 2 linguri de ulei de gătit rezervat. Amâna. Rezervă o oală.

Puneți tigaia în care ați călit ceapa la foc mediu-mare și adăugați orezul, 4½ căni de apă și sare. Se aduce la fiert. Reduceți focul și fierbeți timp de 20 de minute. Opriți și lăsați să stea timp de 10 minute. În aceeași oală cu care gătiți lintea, aduceți la fiert restul de 8 căni de apă cu sare la foc mare. Adăugați tăiței și gătiți timp de 6 minute sau conform instrucțiunilor de pe ambalaj. Scurgeți și puneți deoparte.

montură

Pune orezul pe o farfurie de servire. Acoperiți cu linte, năut și paste. Stropiți cu sos de roșii picant și stropiți cu ceapă prăjită crocantă.

Nutriție (la 100 g): 668 calorii 13 g grăsimi 113 g carbohidrați 18 g proteine 481 mg sodiu

Bulgur cu roșii și năut

Timp de preparare: 10 minute

timpul să gătească: 35 de minute

Porții: 6

Nivel de dificultate: Mediu

Ingrediente:

- ½ cană ulei de măsline
- 1 ceapa, tocata
- 6 roșii, tăiate cubulețe sau 1 roșie tăiată cubulețe (16 uncii).
- 2 linguri de piure de rosii
- 2 căni de apă
- 1 lingură harissa sau cumpărată din magazin
- 1/8 lingurita sare
- 2 cani de bulgur grosier
- 1 conserve (15 uncii) de năut, scurs și clătit

Instrucțiuni:

Într-o cratiță cu fundul greu, încălziți uleiul de măsline la foc mediu-mare. Prăjiți ceapa, adăugați roșiile și sucul acestora și fierbeți timp de 5 minute.

Se amestecă pasta de roșii, apa, harissa și sarea. Se aduce la fiert.

Se amestecă bulgurul și năutul. Aduceți amestecul la fierbere. Reduceți focul la mic și fierbeți timp de 15 minute. Lăsați să se odihnească 15 minute înainte de servire.

Nutriție (la 100 g): 413 calorii 19 g grăsimi 55 g carbohidrați 14 g proteine 728 mg sodiu

Macaroane cu macrou

Timp de preparare: 10 minute

timpul să gătească: 15 minute

Porții: 4

Nivel de dificultate: Uşor

Ingrediente:

- 12 oz macaroane
- 1 catel de usturoi
- 14 oz sos de rosii
- 1 crenguță de pătrunjel tocat
- 2 ardei iute proaspeți
- 1 lingurita de sare
- 7 oz macrou în ulei
- 3 linguri ulei de masline extravirgin

Instrucțiuni:

Începeți prin a aduce apă la fiert într-o oală. Cât se încălzeşte apa, se ia o tigaie, se toarnă puțin ulei şi puțin usturoi şi se fierbe la foc mic. Odată ce usturoiul este fiert, scoateți-l din tigaie.

Tăiați ardeiul iute în jumătate, îndepărtați semințele interioare şi tăiați în fâşii subțiri.

Adăugați apa de gătit și ardeiul iute în aceeași tigaie ca înainte. Se ia apoi macroul si, dupa ce s-a scurs uleiul si l-a separat cu o furculita, se adauga in tigaia cu celelalte ingrediente. Prăjiți-l ușor adăugând apă de gătit.

Cand toate ingredientele sunt bine incorporate, adaugam piureul de rosii in tigaie. Se amestecă bine pentru a distribui uniform toate ingredientele și se fierbe la foc mic aproximativ 3 minute.

Să trecem la tăiței:

Dupa ce apa incepe sa fiarba adaugam sarea si pastele. Odată ce maccheronii sunt ușor al dente, scurgeți-i și adăugați-i în sosul pe care l-ați pregătit.

Se fierbe scurt in sos si se condimenteaza cu sare si piper dupa gust.

Nutriție (la 100 g): 510 calorii 15,4 g grăsimi 70 g carbohidrați 22,9 g proteine 730 mg sodiu

Maccheroni cu rosii cherry si hamsii

Timp de preparare: 10 minute

timpul să gătească: 15 minute

Porții: 4

Nivel de dificultate: Ușor

Ingrediente:

- 14 oz Paste Maccheroni
- 6 hamsii sarate
- 4 oz roșii cherry
- 1 catel de usturoi
- 3 linguri ulei de masline extravirgin
- Ardei iute proaspăt după gust
- 3 frunze de busuioc
- Sarat la gust

Instrucțiuni:

Începeți prin a încălzi apa într-o oală și adăugați sare pe măsură ce fierbe. Intre timp pregatim sosul: dupa ce spalati rosiile, luati-le si taiati-le in 4 bucati.

Acum ia o tigaie antiaderentă, stropește puțin ulei și aruncă un cățel de usturoi. Scoateți din tigaie după gătit. Puneti hamsiile curate in tigaie si dizolvati-le in ulei.

Cand hamsiile sunt bine dizolvate adaugam rosiile tocate si marim focul pana se inmoaie (atentie sa nu fie moale).

Adăugați ardei iute fără semințe, tăiați în bucăți mici și condimentați.

Puneți tăițeii într-o oală cu apă clocotită, scurgeți al dente și fierbeți puțin în oală.

Nutriție (la 100 g): 476 calorii 11 g grăsimi 81,4 g carbohidrați 12,9 g proteine 763 mg sodiu

Risotto cu lamaie si creveti

Timp de preparare: 10 minute

timpul să gătească: 30 minute

Porții: 4

Nivel de dificultate: Uşor

Ingrediente:

- 1 lămâie
- 14 oz de creveți cu coajă
- 1 ¾ cană de orez risotto
- 1 ceapă albă
- 33 fl. oz (1 litru) supa de legume (mai puțin este bine)
- 2 ½ linguri de unt
- ½ pahar de vin alb
- Sarat la gust
- Piper negru după gust
- arpagic după gust

Instrucțiuni:

Incepe prin a fierbe crevetii in apa cu sare timp de 3-4 minute, se scurg si se lasa deoparte.

Curățați și tocați mărunt ceapa, prăjiți-o în unt topit şi, după ce untul s-a uscat, prăjiți orezul într-o tigaie pentru câteva minute.

Se toarnă o jumătate de pahar de vin alb peste orez, apoi se adaugă sucul de la 1 lămâie. Amestecați orezul și terminați de gătit adăugând o lingură de supă de legume după cum este necesar.

Amestecați bine și cu câteva minute înainte de sfârșitul gătitului, adăugați creveții fierți anterior (rezervând unii pentru decor) și puțin piper negru.

Odată ce focul s-a stins, adăugați o praf de unt și amestecați. Risotto este gata de servit. Se orneaza cu crevetii ramasi si se presara cu niste arpagic.

Nutriție (la 100 g): 510 calorii 10 g grăsimi 82,4 g carbohidrați 20,6 g proteine 875 mg sodiu

Spaghete cu midii

Timp de preparare: 10 minute

timpul să gătească: 40 de minute

Porții: 4

Nivel de dificultate: Uşor

Ingrediente:

- 11,5 uncii de spaghete
- 2 kilograme de scoici
- 7 uncii de sos de roșii sau pastă de roșii pentru versiunea roșie a acestui fel de mâncare
- 2 catei de usturoi
- 4 linguri ulei de masline extravirgin
- 1 pahar de vin alb sec
- 1 lingura patrunjel tocat marunt
- 1 ardei iute

Instrucțiuni:

Începeți prin a spăla scoici: nu „curățați" niciodată scoici - acestea trebuie deschise doar cu căldură, altfel prețiosul lor lichid intern se va pierde odată cu nisipul. Se spală rapid scoicile într-o strecurătoare într-un castron de salată: aceasta filtrează nisipul de pe coji.

Apoi puneti imediat midiile scurse intr-o oala cu capac la foc mare. Întoarceți-le din când în când, iar când sunt aproape toate deschise, luați-le de pe foc. Obuzele care rămân închise sunt moarte și trebuie îndepărtate. Scoateți din moluștele deschise și lăsați o parte întreagă pentru a decora vasele. Scurgeți lichidul rămas pe fundul cratiței și puneți deoparte.

Luați o tigaie mare și turnați puțin ulei în ea. Se încălzește un ardei întreg și unul sau doi căței de usturoi zdrobiți la foc foarte mic până când căteii devin maro auriu. Se adauga midiile si se condimenteaza cu vin alb sec.

Acum adăugați lichidul de midii strecurat anterior și puțin pătrunjel tocat mărunt.

Scurgeți spaghetele și imediat după gătire se aruncă în tigaie într-o cantitate suficientă de apă cu sare până al dente. Se amestecă bine până când spaghetele au absorbit tot lichidul din scoici. Dacă nu ați folosit ardei iute, completați cu o stropire ușoară de piper alb sau negru.

Nutriție (la 100 g): 167 calorii 8 g grăsimi 8,63 g carbohidrați 5 g proteine 720 mg sodiu

Supă grecească de pește

Timp de preparare: 10 minute

timpul să gătească: 60 de minute

Porții: 4

Nivel de dificultate: Ușor

Ingrediente:

- Merluciu sau alt pește alb
- 4 cartofi
- 4 cepe de primăvară
- 2 morcovi
- 2 bețișoare de țelină
- 2 rosii
- 4 linguri ulei de masline extravirgin
- 2 oua
- 1 lămâie
- 1 cană de orez
- Sarat la gust

Instrucțiuni:

Alegeți un pește care nu cântărește mai mult de 2,2 kilograme, îndepărtați solzii, branhiile și intestinele și spălați-l bine. Se condimentează cu sare și se lasă deoparte.

Spălați cartofii, morcovii și ceapa și adăugați-i întregi într-o oală cu apă suficientă pentru a se înmuia și aduceți la fiert.

Adaugam telina inca legata in buchete ca sa nu se dizolve in timpul fierberii, taiem rosiile in patru parti si le adaugam impreuna cu ulei si sare.

Cand legumele sunt aproape gata, mai adauga apa si peste. Gatiti 20 de minute si apoi scoateti din bulion impreuna cu legumele.

Pune peștele într-un bol de servire, ornează cu legume și strecoară bulionul. Se pune bulionul din nou pe foc si se dilueaza cu putina apa. Odată fiert, adăugați orezul și asezonați cu sare. Odată ce orezul este fiert, scoateți oala de pe aragaz.

Pregătiți sosul Avgolemono:

Bateți bine ouăle și adăugați încet sucul de lămâie. Se toarnă puțin bulion într-un polonic și se toarnă încet în ouă, amestecând continuu.

La final, adaugă sosul rezultat în supă și amestecă bine.

Nutriție (la 100 g): 263 calorii 17,1 g grăsimi 18,6 g carbohidrați 9 g proteine 823 mg sodiu

Orez Venere cu creveți

Timp de preparare: 10 minute

timpul să gătească: 55 de minute

Porții: 3

Nivel de dificultate: Ușor

Ingrediente:

- 1 ½ cană de orez negru Venere (pregătit este mai bine)
- 5 linguri de ulei de măsline extravirgin
- 10,5 uncii de creveți
- 10,5 uncii de dovlecel
- 1 lamaie (suc si coaja)
- sare de masa dupa gust
- Piper negru după gust
- 1 catel de usturoi
- Tabasco dupa gust

Instrucțiuni:

Să începem cu orezul:

După ce ați umplut cratița cu o cantitate mare de apă și a adus-o la fiert, turnați orezul, adăugați sare și gătiți timpul necesar (vezi instrucțiunile de gătit de pe ambalaj).

Între timp, se rade dovlecelul pe răzătoarea cu găuri mari. Se incinge uleiul de masline cu catelul de usuroi curatat intr-o tigaie, se adauga dovlecelul ras, sare, piper si se fierbe 5 minute, se scoate catelul de usturoi si se da deoparte legumele.

Acum curățați creveții:

Scoateți coaja, tăiați coada, înjumătățiți pe lungime și îndepărtați măruntaiele (șirul întunecat le curge pe spate). Puneți creveții curățați într-un castron și asezonați cu ulei de măsline; Da-i un plus de savoare adaugand coaja de lamaie, sare si piper si adaugand cateva picaturi de Tabasco dupa gust.

Încingeți creveții într-o tigaie încinsă pentru câteva minute. Pune deoparte după gătit.

Odată ce orezul Venere este gata, se scurge într-un bol, se adaugă amestecul de dovlecei și se amestecă.

Nutriție (la 100 g): 293 calorii 5 g grăsimi 52 g carbohidrați 10 g proteine 655 mg sodiu

Pennette cu somon și vodcă

Timp de preparare: 10 minute

timpul să gătească: 18 minute

Porții: 4

Nivel de dificultate: Ușor

Ingrediente:

- 14 oz Pennette Rigate
- 7 uncii de somon afumat
- 1,2 uncii eșalotă
- 1,35 fl. oz (40 ml) de vodcă
- 5 uncii de roșii cherry
- 7 uncii de smântână grea proaspătă (recomand cremă pe bază de plante pentru un fel de mâncare mai ușoară)
- arpagic după gust
- 3 linguri ulei de masline extravirgin
- Sarat la gust
- Piper negru după gust
- busuioc dupa gust (pentru garnitura)

Instrucțiuni:

Spălați și tocați roșiile și arpagicul. După ce curățați eșalotele, le tăiați cu un cuțit, le puneți într-o cratiță și le lăsați puțin la marinat în ulei de măsline extravirgin.

Între timp, tăiați somonul fâșii și prăjiți împreună cu ulei și eșalotă.

Amesteca totul cu vodca, atentie, s-ar putea sa ia foc (daca apare o flacara, nu va faceti griji, aceasta va scadea dupa ce alcoolul s-a evaporat complet). Adaugati rosiile tocate si adaugati un praf de sare si putin piper dupa gust. La final se adauga smantana si arpagicul tocat.

În timp ce sosul se gătește, pregătiți pastele. După ce apa fierbe, turnați pennette și gătiți al dente.

Scurge pastele și toarnă pennette în sos și gătește puțin pentru a absorbi toată aroma. Ornați cu o frunză de busuioc dacă doriți.

Nutriție (la 100 g): 620 calorii 21,9 g grăsimi 81,7 g carbohidrați 24 g proteine 326 mg sodiu

Fructe de mare Carbonara

Timp de preparare: 15 minute

timpul să gătească: 50 de minute

Porții: 3

Nivel de dificultate: Ușor

Ingrediente:

- 11,5 uncii de spaghete
- 3,5 oz de ton
- 3,5 oz pește-spadă
- 3.5 oz Sal de somon
- 6 gălbenușuri de ou
- 4 linguri Parmigiano Reggiano
- 2 fl. oz (60 ml) de vin alb
- 1 catel de usturoi
- Ulei de masline extravirgin dupa gust
- sare de masa dupa gust
- Piper negru după gust

Instrucțiuni:

Fierbe apa intr-o oala si adauga putina sare.

Intre timp punem 6 galbenusuri intr-un bol si adaugam parmezan ras, piper si sare. Bateți cu telul și diluați cu puțină apă de gătit din cratiță.

Scoateți toate oasele de la somon, solzii de peștele-spadă și continuați să tăiați cubulețe tonul, somonul și peștele-spadă.

Odată fierte, amestecați pastele și gătiți până când sunt ușor al dente.

Între timp, se încălzește puțin ulei într-o tigaie mare și se adaugă un cățel întreg de usturoi curățat. Odată ce uleiul este fierbinte, adăugați peștele tăiat cubulețe și prăjiți la foc mare pentru aproximativ 1 minut. Scoatem usturoiul si adaugam vinul alb.

Odată ce alcoolul s-a evaporat, scoateți cuburile de pește și reduceți căldura. Odată ce spaghetele sunt gata, se adaugă în tigaie și se gătesc, amestecând continuu, timp de aproximativ un minut, adăugând apă de gătit la nevoie.

Se toarnă amestecul de gălbenușuri și cuburile de pește. Amesteca bine. Servi.

Nutriție (la 100 g): 375 calorii 17 g grăsimi 41,40 g carbohidrați 14 g proteine 755 mg sodiu

Garganelli cu pesto de dovlecei și creveți

Timp de preparare: 10 minute

timpul să gătească: 30 minute

Porții: 4

Nivel de dificultate: Mediu

Ingrediente:

- 14 oz Garganelli. pe bază de ou
- Pentru pesto de dovlecei:
- 7 oz dovlecel
- 1 cană nuci de pin
- 8 linguri (0,35 uncii) busuioc
- 1 lingurita de sare de masa
- 9 linguri de ulei de măsline extravirgin
- 2 linguri de parmezan pentru ras
- 1 uncie pecorino ras
- Pentru creveții soți:
- 8,8 uncii de creveți
- 1 catel de usturoi
- 7 linguri de ulei de măsline extravirgin
- vârf de cuțit de sare

Instrucțiuni:

Începeți prin a face pesto:

După spălare, radeți dovleceii, puneți-i într-o strecurătoare (ca să piardă puțin lichid în exces) și sărați ușor. Puneți nucile de pin, dovlecelul și frunzele de busuioc într-un blender. Adăugați parmezan ras, pecorino și ulei de măsline extravirgin.

Se amestecă până la omogenizare, se adaugă un praf de sare și se lasă deoparte.

Treceți la creveți:

Mai întâi, îndepărtați măruntaiele tăind spatele creveților cu un cuțit pe lungimea acestuia și folosind vârful cuțitului pentru a îndeparta firul negru din interior.

Prăjiți cățelul de usturoi într-o tigaie cu ulei de măsline extravirgin. Cand s-a rumenit, scoatem usturoiul si adaugam crevetii. Se prăjește la foc mediu-mare timp de 5 minute până se formează o crustă crocantă la exterior.

Aduceți apoi o oală cu apă cu sare la fiert și fierbeți garganelli. Pune deoparte câteva linguri de apă de gătit și scurge pastele al dente.

Pune garganelli în tigaia cu care ai gătit creveții. Gatiti impreuna un minut, adaugati o lingura de apa de gatit si la final adaugati pesto de dovlecei.

Se amestecă bine pentru a combina pastele cu sosul.

Nutriție (la 100 g): 776 calorii 46 g grăsimi 68 g carbohidrați 22,5 g proteine 835 mg sodiu

risotto cu somon

Timp de preparare: 10 minute

timpul să gătească: 30 minute

Porții: 4

Nivel de dificultate: Mediu

Ingrediente:

- 1 ¾ cană (12,3 uncii) de orez
- 8,8 oz fripturi de somon
- 1 praz
- Ulei de masline extravirgin dupa gust
- 1 catel de usturoi
- ½ pahar de vin alb
- 3 ½ linguri de Grana Padano ras
- Sarat la gust
- Piper negru după gust
- 17 fl. oz (500 ml) supa de pește
- 1 cană de unt

Instrucțiuni:

Începeți prin a curăța somonul și a-l tăia în bucăți mici. Se incinge 1 lingura de ulei intr-o tigaie cu un catel intreg de usturoi si se caleste somonul 2/3 minute, se adauga sare si se pune somonul deoparte, se scoate usturoiul.

Acum începeți să pregătiți risotto:

Tăiați prazul în bucăți foarte mici și căliți-l într-o tigaie cu două linguri de ulei la foc mic. Se amestecă orezul și se fierbe câteva secunde la foc mediu-mare, amestecând cu o lingură de lemn.

Se amestecă vinul alb și se continuă gătitul, amestecând din când în când, încercați să nu lăsați orezul să se lipească de tigaie, turnați treptat bulionul (de legume sau pește).

La jumătatea gătitului, adăugați somonul, untul și un praf de sare dacă este necesar. Cand orezul este bine fiert, se ia de pe foc. Se amestecă cu câteva linguri de Grana Padano ras și se servește.

Nutriție (la 100 g):521 calorii 13 g grăsimi 82 g carbohidrați 19 g proteine 839 mg sodiu

Paste cu roșii cherry și hamsii

Timp de preparare: 15 minute

timpul să gătească: 35 de minute

Porții: 4

Nivel de dificultate: Ușor

Ingrediente:

- 10,5 uncii de spaghete
- 1,3 kilograme de roșii cherry
- 9 oz hamsii (pre-curățate)
- 2 linguri de capere
- 1 catel de usturoi
- 1 ceapa rosie mica
- patrunjel dupa gust
- Ulei de masline extravirgin dupa gust
- sare de masa dupa gust
- Piper negru după gust
- Măsline negre după gust

Instrucțiuni:

Tocați un cățel de usturoi și tăiați felii subțiri.

Tăiați roșiile cherry în 2. Curățați ceapa și o tăiați în felii subțiri.

Punem putin ulei intr-o oala cu usturoiul si ceapa tocate. Se încălzeşte totul la foc mediu timp de 5 minute; se amestecă din când în când.

Cand totul este bine asezonat adaugam rosiile cherry si un praf de sare si piper. Gatiti 15 minute. Intre timp se pune o oala cu apa pe aragaz si dupa ce da in clocot adaugam sarea si pastele.

Cand sosul este aproape gata, se adauga ansoa si se fierbe cateva minute. Se amestecă uşor.

Opreste focul, tocam patrunjelul si adaugam in tigaie.

După fierbere, scurgeți pastele și amestecați-le direct în sos. Reaprindeți căldura pentru câteva secunde.

Nutriție (la 100 g): 446 calorii 10 g grăsimi 66,1 g carbohidrați 22,8 g proteine 934 mg sodiu

Orecchiette cu broccoli și cârnați

Timp de preparare: 10 minute
timpul să gătească: 32 de minute
Porții: 4
Nivel de dificultate: Mediu

Ingrediente:

- 11,5 uncii de orecchiette
- 10,5 broccoli
- 10,5 uncii de cârnați
- 1,35 fl. oz (40 ml) de vin alb
- 1 catel de usturoi
- 2 crengute de cimbru
- 7 linguri de ulei de măsline extravirgin
- Piper negru după gust
- sare de masa dupa gust

Instrucțiuni:

Se fierbe o oală cu apă și sare. Scoateți buchețelele de broccoli din tulpină și tăiați-le în jumătate sau în sferturi dacă sunt prea mari; Se adauga apoi in apa clocotita si se acopera oala si se fierbe 6-7 minute.

Între timp, tocați mărunt cimbrul și puneți deoparte. Scoateți carcasa din cârnați și zdrobiți ușor cu o furculiță.

Prăjiți un cățel de usturoi în puțin ulei de măsline și adăugați cârnații. Dupa cateva secunde adaugam cimbrul si putin vin alb.

Fără a turna apa clocotită, scoateți broccoli fiert cu o lingură și adăugați-l treptat în carne. Se fierbe totul timp de 3-4 minute. Scoatem usturoiul si adaugam un praf de piper negru.

Aduceți la fiert apa cu care ați gătit broccoli, apoi aruncați pastele și lăsați-le să fiarbă. După ce pastele sunt fierte, scurgeți-le cu o lingură cu fantă și adăugați direct în sosul de broccoli. Apoi amestecați bine, adăugați piper negru și căliți totul în tigaie pentru câteva minute.

Nutriție (la 100 g): 683 calorii 36 g grăsimi 69,6 g carbohidrați 20 g proteine 733 mg sodiu

Risotto cu cicoare si bacon afumat

Timp de preparare: 10 minute
timpul să gătească: 30 minute
Porții: 3
Nivel de dificultate: Mediu

Ingrediente:

- 1 ½ cană de orez
- 14 oz cicoare
- 5,3 uncii de slănină afumată
- 34 fl. oz (1 L) bulion de legume
- 3,4 fl. oz (100 ml) de vin roșu
- 7 linguri de ulei de măsline extravirgin
- 1,7 uncii eșalotă
- sare de masa dupa gust
- Piper negru după gust
- 3 crengute de cimbru

Instrucțiuni:

Începem prin a pregăti bulionul de legume.

Începeți cu cicoarea: tăiați-o în jumătate și îndepărtați partea de mijloc (partea albă). Tăiați fâșii, clătiți bine și lăsați deoparte. Taiati si baconul afumat in fasii mici.

Tăiați mărunt eșapa și puneți-o într-o tigaie cu puțin ulei. Se aduce la fierbere la foc mediu-mare, se toarnă peste bulion cu o oală, apoi se adaugă baconul și se lasă să se rumenească.

După aproximativ 2 minute, amestecând des, adăugați orezul și pâinea prăjită. În acest moment, turnați vinul roșu la foc iute.

Odată ce s-a evaporat tot alcoolul, continuați să gătiți, pline de bulion. Lăsați să se usuce până când este complet fiert înainte de a adăuga mai mult. Adăugați sare și piper negru (în funcție de cât doriți să adăugați).

Adăugați fâșiile de cicoare la sfârșitul timpului de gătire. Amestecă-le bine până se combină cu orezul, dar fără gătire. Se adauga cimbrul tocat.

Nutriție (la 100 g): 482 calorii 17,5 g grăsimi 68,1 g carbohidrați 13 g proteine 725 mg sodiu

Paste alla Genovese

Timp de preparare: 10 minute

timpul să gătească: 25 de minute

Porții: 3

Nivel de dificultate: Mediu

Ingrediente:

- 11,5 uncii de ziti
- 1 kilogram de carne de vită
- 2,2 kilograme de ceapă aurie
- 2 oz țelină
- 2 oz morcovi
- 1 legatura de patrunjel
- 3,4 fl. oz (100 ml) de vin alb
- Ulei de masline extravirgin dupa gust
- sare de masa dupa gust
- Piper negru după gust
- parmezan dupa gust

Instrucțiuni:

Pentru a face pastele, începeți cu:

Curatati ceapa si morcovul si tocati marunt. Apoi se spală și se toacă mărunt țelina (nu se aruncă frunzele, care trebuie și ele tocate și puse deoparte). Apoi treceți la carne, curățați-o de excesul de grăsime și tăiați-o în 5/6 bucăți mari. La final, legați frunzele de țelină și crenguța de pătrunjel într-un pachet parfumat cu sfoară de bucătărie.

Se toarnă mult ulei într-o tigaie mare. Adaugati ceapa, telina si morcovul (pe care le-ati pus deoparte mai devreme) si gatiti cateva minute.

Apoi adăugați bucăți de carne, un praf de sare și un mănunchi parfumat. Se amestecă și se fierbe câteva minute. Apoi, coborâți flacăra și acoperiți cu un capac.

Gatiti cel putin 3 ore (nu adaugati apa sau bulion deoarece ceapa va elibera tot lichidul necesar pentru a nu se usuca fundul tigaii). Verificați și amestecați din când în când.

După 3 ore de gătit, scoateți mănunchiul de ierburi, creșteți puțin temperatura, adăugați puțin vin și amestecați.

Fierbeți carnea neacoperită aproximativ o oră, amestecând des și turnați vinul când fundul cratiței este uscat.

În acest moment, luați o bucată de carne, tăiați-o pe o masă de tăiat și lăsați-o deoparte. Taiati zitii felii si gatiti-i in apa clocotita cu sare.

După ce s-a fiert, se scurge și se întoarce în oală. Se toarnă câteva linguri de apă clocotită și se amestecă. Se aseaza pe un platou si se adauga putin sos si carnea maruntita (cea pe care ai pus-o deoparte la pasul 7). Se adauga piper si parmezan ras dupa gust.

Nutriție (la 100 g): 450 calorii 8 g grăsimi 80 g carbohidrați 14,5 g proteine 816 mg sodiu

Paste cu conopidă din Napoli

Timp de preparare: 15 minute
timpul să gătească: 35 de minute
Porții: 3
Nivel de dificultate: Mediu

Ingrediente:

- 10,5 uncii de paste
- 1 conopida
- 3,4 fl. oz (100 ml) pastă de tomate
- 1 catel de usturoi
- 1 ardei iute
- 3 linguri ulei de masline extravirgin (sau lingurita)
- Sarat la gust
- piper dupa gust

Instrucțiuni:

Curățați bine conopida: îndepărtați frunzele exterioare și tulpina. Tăiați-o în buchețe mici.

Curățați și tăiați un cățel de usturoi și prăjiți-l într-o oală cu ulei și ardei iute.

Adauga piureul de rosii si buchetele de conopida si se caleste cateva minute la foc mediu-mare, apoi se acopera cu cateva oale de apa si se fierbe 15-20 de minute, sau cel putin pana cand conopida devine cremoasa.

Dacă fundul tigaii pare prea uscat, adăugați câtă apă este necesar pentru a păstra amestecul lichid.

În acest moment, turnați apă fierbinte peste conopida și odată ce s-a fiert, adăugați pastele.

Asezonați cu sare și piper.

Nutriție (la 100 g): 458 calorii 18 g grasimi 65 g carbohidrati 9 g proteine 746 mg sodiu

Paste și fagioli cu portocale și fenicul

Timp de preparare: 10 minute
timpul să gătească: 30 minute
Porții: 5
Nivel de dificultate: Greu

Ingrediente:

- Ulei de măsline extravirgin - 1 lingură. plus extra pentru servire
- Pancetta - 2 uncii, tocata fin
- Ceapa - 1, tocata marunt
- Fenicul - 1 ceapă, tulpinile îndepărtate, ceapa tăiată la jumătate, fără semințe și tocată mărunt
- Țelină – 1 coastă, tocată
- Usturoi - 2 catei, tocati
- Fileuri de hamsii – 3, clatite si feliate
- Oregano proaspăt tocat - 1 lingură.
- Coaja de portocală rasă - 2 lingurițe.
- Semințe de fenicul - ½ linguriță.
- Fulgi de ardei roșu - ¼ de linguriță.
- Roșii tocate - 1 cutie (28 uncii).
- Parmezan - 1 coaja sau mai mult per portie
- Fasole Cannellini - 1 cutie (7 uncii), clătită
- Bulion de pui - 2 ½ căni
- Apă - 2 ½ căni
- sare si piper

- Orzo - 1 cană
- Pătrunjel proaspăt tocat - ¼ cană

Instrucțiuni:

Încinge uleiul într-un cuptor olandez la foc mediu. Adauga baconul. Se prăjesc timp de 3 până la 5 minute sau până când încep să se rumenească. Se amestecă țelina, feniculul și ceapa și se gătesc, amestecând constant, până se înmoaie (aproximativ 5 până la 7 minute).

Se amestecă fulgii de boia de ardei, semințele de fenicul, coaja de portocală, oregano, anșoa și usturoiul. Gatiti 1 minut. Se amestecă roșiile și sucul lor. Se amestecă coaja de parmezan și fasolea.

Se fierbe și se fierbe timp de 10 minute. Se amestecă apa, bulionul și 1 linguriță. Sare. Se lasa sa fiarba la foc mare. Se amestecă pastele și se gătesc al dente.

Luați de pe foc și îndepărtați coaja de parmezan.

Se amestecă pătrunjelul și se condimentează cu sare și piper. Stropiți cu puțin ulei de măsline și stropiți cu parmezan ras. Servi.

Nutriție (la 100 g): 502 calorii 8,8 g grăsimi 72,2 g carbohidrați 34,9 g proteine 693 mg sodiu

Spaghetti la Limone

Timp de preparare: 10 minute
timpul să gătească: 15 minute
Porții: 6
Nivel de dificultate: Ușor

Ingrediente:

- Ulei de măsline extravirgin - ½ cană
- Coaja de lamaie rasa - 2 lingurite.
- Suc de lămâie - 1/3 cană
- Usturoi - 1 catel, taiat intr-o prajitura
- sare si piper
- Parmezan - 2 uncii, ras
- Spaghete - 1 lb
- Busuioc proaspăt ras - 6 linguri.

Instrucțiuni:

Într-un castron, usturoiul, uleiul, coaja de lămâie, zeama, ½ linguriță. sare și ¼ linguriță. Piper. Se amestecă parmezanul și se amestecă până devine cremoasă.

Între timp, gătiți tăițeii conform instrucțiunilor de pe ambalaj. Scurgeți, rezervând ½ cană de apă de gătit. Adăugați amestecul de ulei și busuioc la paste și amestecați pentru a se combina. Se condimentează bine și se amestecă în apa de gătit dacă este necesar. Servi.

Nutriție (la 100 g): 398 calorii 20,7 g grăsimi 42,5 g carbohidrați 11,9 g proteine 844 mg sodiu

Cuscus de legume condimentat

Timp de preparare: 10 minute
timpul să gătească: 20 de minute
Porții: 6
Dificultate: greu D

Ingrediente:

- Conopida - 1 cap, tăiat în buchețe de 1 inch
- Ulei de măsline extravirgin - 6 linguri. plus extra pentru servire
- sare si piper
- Couscous - 1 ½ cani
- Dovlecel – 1, tăiat în bucăți de ½ inch
- Ardei roșu – 1, fără sămânță, fără semințe și tăiat în bucăți de ½ inch
- Usturoi - 4 catei, tocati
- Ras el Hanout - 2 lingurițe.
- coajă de lămâie rasă - 1 linguriță. plus felii de lămâie pentru a servi
- Bulion de pui - 1 ¾ cană
- Maghiran proaspat tocat - 1 lingura.

Instrucțiuni:

Într-o tigaie, încălziți 2 linguri. ulei la foc mediu. Adăugați conopida, ¾ linguriță. sare și ½ linguriță. Piper. Amestec. Gatiti pana cand buchetele se rumenesc si marginile sunt doar translucide.

Scoateți capacul și gătiți, amestecând, timp de 10 minute sau până când buchețelele sunt aurii. Se toarnă într-un bol și se curăță tigaia. Se încălzesc 2 linguri. ulei în tigaie.

Adăugați cușcuș. Gătiți și continuați să amestecați timp de 3 până la 5 minute sau până când fasolea începe să se rumenească. Se toarnă într-un bol și se curăță tigaia. Se încălzesc restul de 3 linguri. Se unge într-o tigaie și se adaugă ardeiul, dovlecelul și ½ linguriță. Sare. Gatiti 8 minute.

Se amestecă coaja de lămâie, ras el hanout și usturoiul. Gatiti pana se simte parfumat (aproximativ 30 de secunde). Se toarnă în bulion și se lasă să fiarbă. Se amestecă cușcușul. Se ia de pe foc si se lasa deoparte pana se inmoaie.

adauga maghiran si conopida; Apoi se pufează ușor cu o furculiță pentru a se încorpora. Stropiți cu mai mult ulei și asezonați bine. Serviți cu felii de lămâie.

Nutriție (la 100 g): 787 calorii 18,3 g grăsimi 129,6 g carbohidrați 24,5 g proteine 699 mg sodiu

Orez copt condimentat cu fenicul

Timp de preparare: 10 minute
timpul să gătească: 45 de minute
Porții: 8
Nivel de dificultate: Mediu

Ingrediente:

- Cartofi dulci - 1 ½ kilogram, decojiți și tăiați în bucăți de 1 inch
- Ulei de măsline extravirgin - ¼ cană
- sare si piper
- Fenicul - 1 ceapă, tocată mărunt
- Ceapa mica - 1, tocata marunt
- Orez alb cu bob lung - 1 ½ cană, clătit
- Usturoi - 4 catei, tocati
- Ras el Hanout - 2 lingurițe.
- Supa de pui - 2 ¾ cani
- Măsline verzi mari coapte în saramură fără sâmburi - ¾ de cană, tăiate la jumătate
- Coriandru proaspăt tocat - 2 linguri.
- felii de lime

Instrucțiuni:

Așezați grătarul în centrul cuptorului și preîncălziți cuptorul la 400 F. Adăugați cartofii cu ½ linguriță. sare și 2 linguri. Ulei.

Puneți cartofii într-un singur strat pe o tavă de copt cu ramă și coaceți timp de 25 până la 30 de minute sau până când se înmoaie. Amestecați cartofii la jumătatea coacerii.

Scoateți cartofii și reduceți temperatura cuptorului la 350 F. Într-un cuptor olandez, încălziți restul de 2 linguri. ulei la foc mediu.

Adăugați ceapa și fenicul; Continuați să gătiți timp de 5 până la 7 minute sau până când se înmoaie. Se amestecă ras el hanout, usturoiul și orezul. Se prăjește timp de 3 minute.

Se amestecă măslinele și bulionul și se lasă să stea 10 minute. Adăugați cartofii în orez și pufăi-i ușor cu o furculiță. Asezonați cu sare și piper. Se ornează cu coriandru și se servește cu felii de lime.

Nutriție (la 100 g): 207 Calorii 8,9 g Grasimi 29,4 g Carbohidrati 3,9 g Proteine 711 mg Sodiu

Cuşcuş în stil marocan cu năut

Timp de preparare: 5 minute
timpul să gătească: 18 minute
Porţii: 6
Nivel de dificultate: Mediu

Ingrediente:

- Ulei de măsline extravirgin - ¼ cană, în plus pentru servire
- Couscous - 1 ½ cani
- Morcovi curăţaţi şi tăiaţi mărunt - 2
- Ceapa tocata marunt - 1
- sare si piper
- Usturoi - 3 catei, tocati
- coriandru măcinat - 1 linguriţă.
- Ghimbir măcinat - o linguriţă.
- anason măcinat - ¼ linguriţă.
- Bulion de pui - 1 ¾ cană
- Naut - 1 conserve (15 uncii), clătit
- Mazăre congelată - 1 ½ cană
- Pătrunjel proaspăt tocat sau coriandru - ½ cană
- felii de lamaie

Instrucţiuni:

Se încălzesc 2 linguri. ulei intr-o tigaie la foc mediu. Se amestecă cuşcuşul şi se fierbe timp de 3 până la 5 minute sau până când începe să se rumenească. Se toarnă într-un bol şi se curăţă tigaia.

Se încălzesc restul de 2 linguri. Se unge într-o tigaie şi se adaugă ceapa, morcovul şi 1 linguriţă. Sare. Gatiti 5-7 minute. Se amestecă anasonul, ghimbirul, coriandru şi usturoiul. Gatiti pana se simte parfumat (aproximativ 30 de secunde).

Se amestecă năutul şi bulionul şi se aduce la fierbere. Se amestecă cuşcuşul şi mazărea. Acoperiţi şi scoateţi de pe aragaz. Daţi deoparte până când cuşcuşul este fraged.

Adăugaţi pătrunjel în cuşcuş şi amestecaţi cu o furculiţă. Ungeţi cu mai mult ulei şi asezonaţi bine. Serviţi cu felii de lămâie.

Nutriţie (la 100 g): 649 calorii 14,2 g grăsimi 102,8 g carbohidraţi 30,1 g proteine 812 mg sodiu

Paella vegetariană cu fasole verde și năut

Timp de preparare: 10 minute
timpul să gătească: 35 de minute
Porții: 4
Nivel de dificultate: Ușor

Ingrediente:

- Un praf de sofran
- bulion de legume - 3 căni
- Ulei de măsline - 1 lingură.
- Ceapă galbenă - 1 mare, tăiată cubulețe
- Usturoi - 4 catei, taiati felii
- Ardei roșu - 1, tăiat cubulețe
- Roșii tocate - ¾ de cană, proaspete sau conservate
- Pastă de tomate - 2 linguri.
- ardei iute - 1 ½ linguriță.
- Sare - 1 linguriță.
- Piper negru proaspăt măcinat - ½ linguriță.
- Fasole verde - 1 ½ cană, tăiată și tăiată la jumătate
- Naut – 1 conserve (15 uncii), scurs si clatit
- Orez alb cu bob scurt - 1 cană
- Lămâie - 1, tăiată în felii

Instrucțiuni:

Se amestecă firele de șofran cu 3 linguri. apă caldă într-un castron mic. Aduceți apa la fiert într-o cratiță la foc mediu. Se reduce focul și se lasă să fiarbă.

Încinge uleiul într-o tigaie la foc mediu. Se amestecă ceapa și se călește timp de 5 minute. Se adauga ardeii si usturoiul si se calesc timp de 7 minute sau pana cand ardeii se inmoaie. Se amestecă un amestec de apă cu șofran, sare, piper, boia de ardei, piure de roșii și roșii.

Adăugați orezul, năutul și fasolea verde. Se amestecă bulionul cald și se aduce la fierbere. Reduceți focul și gătiți timp de 20 de minute.

Se serveste fierbinte, ornat cu felii de lamaie.

Nutriție (la 100 g): 709 calorii 12 g grăsimi 121 g carbohidrați 33 g proteine 633 mg sodiu

Creveți usturoi cu roșii și busuioc

Timp de preparare: 10 minute
timpul să gătească: 10 minute
Porții: 4
Nivel de dificultate: Ușor

Ingrediente:

- Ulei de măsline - 2 linguri.
- Creveți - 1¼ de kilogram, decojiți și devenați
- Usturoi - 3 catei, tocati
- Fulgi de ardei roșu mărunțiți - 1/8 linguriță.
- Vin alb sec - ¾ cană
- Roșii struguri - 1 ½ cană
- Busuioc proaspăt tocat mărunt - ¼ cană, plus mai mult pentru garnitură
- Sare - ¾ linguriță.
- Piper negru măcinat - ½ linguriță.

Instrucțiuni:

Încinge uleiul într-o tigaie la foc mediu. Adăugați creveții și gătiți timp de 1 minut sau până când sunt fierți. Transferați pe o farfurie.

Adăugați fulgii de ardei roșu și usturoiul în uleiul din tigaie și gătiți, amestecând, timp de 30 de secunde. Se amestecă vinul și se fierbe până scade la jumătate.

Adăugați roșiile și gătiți, amestecând constant, până când roșiile încep să se descompună (aproximativ 3-4 minute). Se amestecă creveții rezervați, sare, piper și busuioc. Gatiti inca 1-2 minute.

Serviți ornat cu busuioc rămas.

Nutriție (la 100 g): 282 calorii 10 g grasimi 7 g carbohidrati 33 g proteine 593 mg sodiu

Paella de creveți

Timp de preparare: 10 minute
timpul să gătească: 25 de minute
Porții: 4
Nivel de dificultate: Mediu

Ingrediente:

- Ulei de măsline - 2 linguri.
- Ceapă medie - 1, tăiată cubulețe
- Ardei roșu - 1, tăiat cubulețe
- Usturoi - 3 catei, tocati
- Un praf de sofran
- ardei iute - ¼ linguriță.
- Sare - 1 linguriță.
- Piper negru proaspăt măcinat - ½ linguriță.
- Bulion de pui - 3 căni, împărțite
- Orez alb cu bob scurt - 1 cană
- Creveți mari decojiți și devenați - 1 lb
- Mazăre congelată - 1 cană, dezghețată

Instrucțiuni:

Încinge uleiul de măsline într-o tigaie. Se amestecă ceapa și ardeiul și se călesc timp de 6 minute până când se înmoaie. Adăugați sare, piper, boia de ardei, șofran și usturoi și amestecați. Se amestecă 2 ½ căni de bulion și orez.

Aduceți amestecul la fierbere, apoi fierbeți până când orezul este fiert, aproximativ 12 minute. Puneți creveții și mazărea deasupra orezului și adăugați ½ cană de bulion rămasă.

Puneți capacul înapoi pe tigaie și gătiți până când toți creveții sunt fierți (aproximativ 5 minute). Servi.

Nutriție (la 100 g): 409 calorii 10 g grăsimi 51 g carbohidrați 25 g proteine 693 mg sodiu

Salata de linte cu masline, menta si feta

Timp de preparare: 60 minute

timpul să gătească: 60 de minute

Porții: 6

Nivel de dificultate: Mediu

Ingrediente:

- sare si piper
- Linte frantuzeasca - 1 cana, culesa si clatita
- Usturoi - 5 catei, usor zdrobiti si curatati de coaja
- frunza de dafin - 1
- Ulei de măsline extravirgin - 5 linguri.
- Oțet alb - 3 linguri.
- Măsline Kalamata fără sâmburi – ½ cană, tocate
- Menta proaspata tocata - ½ cana
- Șoală – 1 mare, tocată
- Brânză feta - 1 uncie, mărunțită

Instrucțiuni:

Adăugați 4 căni de apă caldă și 1 linguriță. sare într-un bol. Se adauga lintea si se lasa la infuzat 1 ora la temperatura camerei. Scurgeți bine.

Puneți grătarul în centrul cuptorului și preîncălziți cuptorul la 325 F. Combinați lintea, 4 căni de apă, usturoiul, frunza de dafin și ½ linguriță. sare într-o oală. Acoperiți oala și puneți-o pe aragaz și gătiți timp de 40 până la 60 de minute sau până când lintea este fragedă.

Scurgeți bine lintea, aruncați usturoiul și foaia de dafin. Într-un castron mare, amestecați uleiul și oțetul. Adaugati salota, menta, maslinele si lintea si amestecati.

Asezonați cu sare și piper. Aranjați frumos într-un castron de servire și ornezați cu feta. Servi.

Nutriție (la 100 g): 249 calorii 14,3 g grăsimi 22,1 g carbohidrați 9,5 g proteine 885 mg sodiu

Naut cu usturoi si patrunjel

Timp de preparare: 5 minute
timpul să gătească: 20 de minute
Porții: 6
Nivel de dificultate: Mediu

Ingrediente:

- Ulei de măsline extravirgin - ¼ cană
- Usturoi - 4 catei, feliati subtiri
- Fulgi de ardei roșu - 1/8 linguriță.
- Ceapa - 1, tocata
- sare si piper
- Naut - 2 conserve (15 uncii), clătite
- Bulion de pui - 1 cană
- Pătrunjel proaspăt tocat - 2 linguri.
- Suc de lămâie - 2 lingurițe.

Instrucțiuni:

Adăugați 3 linguri în tigaie. Se ung și se fierbe timp de 3 minute fulgi de usturoi și piper. Se amestecă ceapa și ¼ linguriță. sare și fierbeți timp de 5 până la 7 minute.

Se amestecă năutul și bulionul și se aduce la fierbere. Reduceți focul și gătiți, acoperit, la foc mic, timp de 7 minute.

Se descoperă şi se pune la foc mare şi se fierbe timp de 3 minute sau până când tot lichidul s-a evaporat. Se da deoparte si se stropeste cu zeama de lamaie si patrunjel.

Asezonaţi cu sare şi piper. Stropiţi cu 1 lingură. ulei si serveste.

Nutriţie (la 100 g): 611 calorii 17,6 g grăsimi 89,5 g carbohidraţi 28,7 g proteine 789 mg sodiu

Naut la abur cu vinete si rosii

Timp de preparare: 10 minute
timpul să gătească: 60 de minute
Porții: 6
Nivel de dificultate: Uşor

Ingrediente:

- Ulei de măsline extravirgin - ¼ cană
- Cepe - 2, tocate
- Ardei verde - 1, tocat mărunt
- sare si piper
- Usturoi - 3 catei, tocati
- Oregano proaspăt tocat - 1 lingură.
- Frunze de dafin - 2
- Vinetele - 1 kilogram, tăiate în bucăți de 1 inch
- Rosii intregi curatate de coaja - 1 conserve, scursa de sucul rezervat, tocate
- Naut - 2 cutii (15 uncii), scurse cu 1 cana de lichid

Instrucțiuni:

Puneți un grătar în centrul de jos și preîncălziți cuptorul la 400 F. Încălziți uleiul într-un cuptor olandez. Adăugați boia de ardei, ceapă, ½ linguriță. sare și ¼ linguriță. Piper. Se prăjește timp de 5 minute.

Se amestecă 1 linguriță. Oregano, usturoi și foi de dafin și gătiți timp de 30 de secunde. Se amestecă roșiile, vinetele, sucul rezervat, năutul și lichidul rezervat și se aduce la fierbere. Pune vasul la cuptor și coace, neacoperit, timp de 45 până la 60 de minute. Se amestecă de două ori.

Aruncați frunzele de dafin. Se amestecă restul de 2 lingurițe. Asezonați cu oregano și sare și piper. Servi.

Nutriție (la 100 g): 642 calorii 17,3 g grăsimi 93,8 g carbohidrați 29,3 g proteine 983 mg sodiu

Orez grecesc cu lămâie

Timp de preparare: 20 minute
timpul să gătească: 45 de minute
Porții: 6
Nivel de dificultate: Mediu

Ingrediente:

- Orez cu bob lung - 2 căni, nefiert (înmuiat în apă rece timp de 20 de minute, apoi scurs)
- Ulei de măsline extravirgin - 3 linguri.
- Ceapa galbena - 1 medie, tocata
- Usturoi - 1 catel, tocat
- Paste Orzo - ½ cană
- Suc de 2 lămâi plus coaja de 1 lămâie
- Supă cu conținut scăzut de sodiu - 2 căni
- vârf de cuțit de sare
- Pătrunjel tocat - 1 mână mare
- Planta de mărar - 1 linguriță.

Instrucțiuni:

Într-o cratiță, încălziți 3 linguri. Ulei de măsline extra virgin.

Adăugați ceapa și căleți timp de 3 până la 4 minute. Adăugați pastele orzo și usturoiul și amestecați.

Apoi amestecați orezul pentru a se acoperi. Adăugați bulion și sucul de lămâie. Aduceți la fierbere și reduceți căldura. Acoperiți și gătiți aproximativ 20 de minute.

Luați focul. Acoperiți și lăsați să stea 10 minute. Descoperiți și amestecați coaja de lămâie, mărar și pătrunjelul. Servi.

Nutriție (la 100 g): 145 calorii 6,9 g grăsimi 18,3 g carbohidrați 3,3 g proteine 893 mg sodiu

Orez cu ierburi cu usturoi

Timp de preparare: 10 minute
timpul să gătească: 30 minute
Porții: 4
Nivel de dificultate: Ușor

Ingrediente:

- Ulei de măsline extravirgin - ½ cană, împărțit
- Caței mari de usturoi - 5, tăiați
- Orez brun cu iasomie - 2 cesti
- Apă - 4 căni
- Sare de mare - 1 linguriță.
- Piper negru - 1 linguriță.
- Arpagic proaspăt tocat - 3 linguri.
- Pătrunjel proaspăt tocat - 2 linguri.
- Busuioc proaspăt tocat - 1 lingură.

Instrucțiuni:

Adăugați ¼ de cană de ulei de măsline, usturoi și orez în oală. Se amestecă și se încălzește la foc mediu. Se amestecă apa, sarea de mare și piper negru. Din nou un amestec.

Aduceți la fierbere și reduceți căldura. Se fierbe neacoperit, amestecând din când în când.

Când apa este aproape absorbită, adăugați restul de ¼ de cană de ulei de măsline împreună cu busuiocul, pătrunjelul și arpagicul.

Se amestecă până când ierburile sunt încorporate și toată apa este absorbită.

Nutriție (la 100 g): 304 calorii 25,8 g grăsimi 19,3 g carbohidrați 2 g proteine 874 mg sodiu

Salată de orez mediteranean

Timp de preparare: 10 minute
timpul să gătească: 25 de minute
Porții: 4
Nivel de dificultate: Mediu

Ingrediente:

- Ulei de măsline extravirgin - ½ cană, împărțit
- Orez brun cu bob lung - 1 cană
- Apă - 2 căni
- Suc proaspăt de lămâie - ¼ cană
- Catel de usturoi - 1, tocat
- Rozmarin proaspăt tocat - 1 linguriță.
- Menta proaspata tocata - 1 lingurita.
- Andive belgiane - 3, tocate
- Ardei roșu - 1 mediu, tocat
- Castraveți de seră - 1, tocat
- Ceapa primavara tocata intreaga - ½ cana
- Măsline Kalamata tocate - ½ cană
- Fulgi de ardei roșu - ¼ de linguriță.
- Brânză Feta mărunțită - ¾ cană
- sare de mare și piper negru

Instrucțiuni:

Încinge ¼ de cană de ulei de măsline, orez și un praf de sare într-o cratiță la foc mic. Se amestecă pentru a acoperi orezul. Adăugați apă și gătiți până se absoarbe apa. Se amestecă din când în când. Pune orezul intr-un bol mare si lasa sa se raceasca.

Într-un alt castron, combinați ¼ de cană de ulei de măsline rămase, fulgi de ardei roșu, măsline, ceapă verde, castraveți, ardei gras, andive, mentă, rozmarin, usturoi și suc de lămâie.

Adăugați orez în amestec și amestecați. Se amestecă ușor brânza feta.

Gustați și asezonați. Servi.

Nutriție (la 100 g): 415 calorii 34 g grăsimi 28,3 g carbohidrați 7 g proteine 4.755 mg sodiu

Salată cu fasole proaspătă și ton

Timp de preparare: 5 minute
timpul să gătească: 20 de minute
Porții: 6
Nivel de dificultate: Ușor

Ingrediente:

- Fasole proaspătă decojită (decojită) - 2 căni
- Frunze de dafin - 2
- Ulei de măsline extravirgin - 3 linguri.
- Oțet de vin roșu - 1 lingură.
- sare si piper negru
- Ton Premium - 1 cutie (6 oz) ambalată în ulei de măsline
- Capere sărate - 1 lingură. înmuiat și uscat
- Pătrunjel plat tocat mărunt - 2 linguri.
- Ceapa rosie - 1, tocata

Instrucţiuni:

Se fierbe apa usor cu sare intr-o oala. Adăugaţi fasolea şi foile de dafin; Apoi gătiţi timp de 15 până la 20 de minute sau până când fasolea este fragedă, dar încă tare. Scurgeţi, îndepărtaţi aromele şi puneţi într-un bol.

Serveşte fasolea imediat cu oţet şi ulei. Adăugaţi sare şi piper negru. Se amestecă bine şi se condimentează. Scurgeţi tonul şi tăiaţi carnea de ton în salata de fasole. Se adauga patrunjelul si caperele. Se amestecă şi se presară deasupra felii de ceapă roşie. Servi.

Nutriţie (la 100 g): 85 calorii 7,1 g grăsimi 4,7 g carbohidraţi 1,8 g proteine 863 mg sodiu

Paste delicioase cu pui

Timp de preparare: 10 minute
timpul să gătească: 17 minute
Porții: 4
Nivel de dificultate: Ușor

Ingrediente:

- 3 piept de pui fără piele și dezosat, tăiați în bucăți
- 9 uncii de paste integrale de grâu
- 1/2 cană măsline, feliate
- 1/2 cană roșii uscate la soare
- 1 lingura ardei rosu prajit, tocat
- Cutii de 14 uncii de roșii, tăiate cubulețe
- 2 cani de sos marinara
- 1 cană supă de pui
- piper
- Sare

Instrucțiuni:

Combinați toate ingredientele, cu excepția pastelor integrale de grâu, în Instant Pot.

Asigurați capacul și gătiți la foc mare timp de 12 minute.

Când ați terminat, eliberați în mod natural presiunea. scoateți capacul.

Adăugați tăițeii și amestecați bine. Închideți vasul din nou și scoateți manual și setați cronometrul pentru 5 minute.

Când ați terminat, eliberați presiunea timp de 5 minute, apoi eliberați restul cu catarama cu eliberare rapidă. scoateți capacul. Se amestecă bine și se servește.

Nutriție (la 100 g):615 calorii 15,4 g grăsimi 71 g carbohidrați 48 g proteine 631 mg sodiu

Arome de bol de orez cu taco

Timp de preparare: 10 minute
timpul să gătească: 14 minute
Porții: 8
Nivel de dificultate: Mediu

Ingrediente:

- 1 kg carne de vită tocată
- 8 uncii de brânză cheddar, rasă
- Cutie de 14 oz de fasole roșie
- 2 uncii condimente pentru taco
- 16 uncii de salsa
- 2 căni de apă
- 2 căni de orez brun
- piper
- Sare

Instrucțiuni:

Setați oala instantanee în modul sote.

Pune carnea în oală și prăjește până se rumenește.

Adăugați apa, fasolea, orezul, condimentele pentru taco, piperul și sarea și amestecați bine.

Acoperiți cu salsa. Închideți capacul și gătiți la foc mare timp de 14 minute.

Când ați terminat, eliberați presiunea cu eliberarea rapidă. scoateți capacul.

Se amestecă brânza cheddar și se amestecă până se topește brânza.

Serviți și savurați.

Nutriție (la 100 g): 464 calorii 15,3 g grăsimi 48,9 g carbohidrați 32,2 g proteine 612 mg sodiu

Mac & brânză gustoase

Timp de preparare: 10 minute
timpul să gătească: 10 minute
Porții: 6
Nivel de dificultate: Ușor

Ingrediente:

- 16 uncii de paste integrale de grâu
- 4 căni de apă
- 1 cană conserve de roșii, tăiate cubulețe
- 1 lingurita de usturoi, tocat
- 2 linguri de ulei de măsline
- 1/4 cană de ceață, tocată
- 1/2 cană parmezan, ras
- 1/2 cană mozzarella, măruntită
- 1 cană brânză cheddar, rasă
- 1/4 cană de passată
- 1 cana lapte de migdale neindulcit
- 1 cană anghinare marinată, tăiată cubulețe
- 1/2 cană roșii uscate la soare, feliate
- 1/2 cană măsline, feliate
- 1 lingurita de sare

Instrucțiuni:

Adăugați pastele, apa, roșiile, usturoiul, uleiul și sarea în Instant Pot și amestecați bine. Acoperiți și gătiți la cea mai mare setare.

Când ați terminat, eliberați presiunea pentru câteva minute, apoi eliberați restul cu o descărcare rapidă. scoateți capacul.

Setați oala în modul sote. Adauga ceapa primavara, parmezan, mozzarella, cheddar, passata, lapte de migdale, anghinare, rosii uscate la soare si masline. Amesteca bine.

Se amestecă bine și se fierbe până se topește brânza.

Serviți și savurați.

Nutriție (la 100 g): 519 calorii 17,1 g grăsimi 66,5 g carbohidrați 25 g proteine 588 mg sodiu

Orez cu castraveți și măsline

Timp de preparare: 10 minute
timpul să gătească: 10 minute
Porții: 8
Nivel de dificultate: Mediu

Ingrediente:

- 2 căni de orez, clătit
- 1/2 cană măsline, fără sâmburi
- 1 cană castraveți tocați
- 1 lingura otet de vin rosu
- 1 lingurita coaja de lamaie, rasa
- 1 lingura suc proaspat de lamaie
- 2 linguri de ulei de măsline
- 2 căni de bulion de legume
- 1/2 lingurita oregano uscat
- 1 ardei rosu, tocat
- 1/2 cană ceapă, tocată
- 1 lingura de ulei de masline
- piper
- Sare

Instrucțiuni:

Adăugați ulei în oala interioară a oalei Instant și setați oala în modul sote. Adăugați ceapa și căleți timp de 3 minute. Adăugați ardeii și oregano și căleți timp de 1 minut.

Adăugați orezul și bulionul și amestecați bine. Închideți capacul și gătiți la foc mare timp de 6 minute. Când ați terminat, eliberați presiunea timp de 10 minute, apoi eliberați restul cu catarama cu eliberare rapidă. scoateți capacul.

Adăugați restul ingredientelor și amestecați bine. Serviți și savurați imediat.

Nutriție (la 100 g): 229 calorii 5,1 g grăsimi 40,2 g carbohidrați 4,9 g proteine 210 mg sodiu

Arome Risotto cu ierburi

Timp de preparare: 10 minute
timpul să gătească: 15 minute
Porții: 4
Nivel de dificultate: Mediu

Ingrediente:

- 2 cani de orez
- 2 linguri parmezan, ras
- 3,5 uncii smântână groasă
- 1 lingura oregano proaspat, tocat
- 1 lingura busuioc proaspat, tocat
- 1/2 lingura de salvie, tocata
- 1 ceapa, tocata
- 2 linguri de ulei de măsline
- 1 lingurita de usturoi, tocat
- 4 căni de bulion de legume
- piper
- Sare

Instrucțiuni:

Adăugați ulei în oala interioară a Instant Pot și faceți clic pe oală în modul sote. Adăugați usturoiul și ceapa în tigaia interioară a Instant Pot și apăsați oala pentru a se căli. Se adauga usturoiul si ceapa si se calesc 2-3 minute.

Adăugați ingredientele rămase, cu excepția parmezanului și a smântânii și amestecați bine. Închideți capacul și gătiți la foc mare timp de 12 minute.

Când ați terminat, eliberați presiunea timp de 10 minute, apoi eliberați restul cu eliberarea rapidă. scoateți capacul. Se amestecă smântâna și brânza și se servesc.

Nutriție (la 100 g): 514 calorii 17,6 g grăsimi 79,4 g carbohidrați 8,8 g proteine 488 mg sodiu

Paste delicioase Primavera

Timp de preparare: 10 minute
timpul să gătească: 4 minute
Porții: 4
Nivel de dificultate: Ușor

Ingrediente:

- 8 uncii de paste penne din grâu integral
- 1 lingura suc proaspat de lamaie
- 2 linguri patrunjel proaspat, tocat
- 1/4 cană migdale măcinate
- 1/4 cană parmezan, ras
- Cutii de 14 uncii de roșii, tăiate cubulețe
- 1/2 cană prune uscate
- 1/2 cană dovlecel, tocat
- 1/2 cană sparanghel
- 1/2 cană morcovi, tocați
- 1/2 cană broccoli, tocat
- 1 3/4 cani supa de legume
- piper
- Sare

Instrucțiuni:

Adăugați bulionul, păstârnacul, roșiile, prunele uscate, dovleceii, sparanghelul, morcovii și broccoli în Instant Pot și amestecați bine. Acoperiți și gătiți la foc mare timp de 4 minute. Când ați terminat, eliberați presiunea cu eliberarea rapidă. scoateți capacul. Se amestecă bine restul ingredientelor și se servește.

Nutriție (la 100 g): 303 calorii 2,6 g grăsimi 63,5 g carbohidrați 12,8 g proteine 918 mg sodiu

Paste cu ardei copți

Timp de preparare: 10 minute
timpul să gătească: 13 minute
Porții: 6
Nivel de dificultate: Mediu

Ingrediente:

- 1 kilogram de paste penne din grâu integral
- 1 lingură de condimente italiene
- 4 căni de bulion de legume
- 1 lingura de usturoi, tocat
- 1/2 ceapa, tocata
- Borcan de 14 uncii de ardei roșii prăjiți
- 1 cană brânză feta, mărunțită
- 1 lingura de ulei de masline
- piper
- Sare

Instrucțiuni:

Pune ardeiul prajit intr-un blender si mixeaza pana se omogenizeaza. Adăugați ulei în oala interioară a Instant Pot și setați fierbătorul în modul sote. Adăugați usturoiul și ceapa în ceașca interioară a Instant Pot și puneți oala să se calească. Se adauga usturoiul si ceapa si se calesc 2-3 minute.

Adăugați ardeiul copt amestecat și prăjiți timp de 2 minute.

Adăugați ingredientele rămase, cu excepția brânzei feta și amestecați bine. Acoperiți strâns și gătiți la foc mare timp de 8 minute. Când ați terminat, eliberați presiunea în mod natural timp de 5 minute, apoi eliberați restul cu o eliberare rapidă. scoateți capacul. Se presară cu brânză feta și se servește.

Nutriție (la 100 g):459 calorii 10,6 g grăsimi 68,1 g carbohidrați 21,3 g proteine 724 mg sodiu

Brânză Busuioc Roșii Orez

Timp de preparare: 10 minute
timpul să gătească: 26 de minute
Porții: 8
Nivel de dificultate: Mediu

Ingrediente:

- 1 1/2 cană de orez brun
- 1 cană parmezan, ras
- 1/4 cană busuioc proaspăt, tocat
- 2 căni de roșii struguri, tăiate la jumătate
- Cutie de 8 oz de sos de roșii
- 1 3/4 cani supa de legume
- 1 lingura de usturoi, tocat
- 1/2 cană ceapă, tăiată cubulețe
- 1 lingura de ulei de masline
- piper
- Sare

Instrucțiuni:

Adăugați ulei în oala interioară a Instant Pot și selectați oala pe care doriți să o prăjiți. Adăugați usturoiul și ceapa în oala interioară a Instant Pot și căleți. Se amestecă usturoiul și ceapa și se călesc timp de 4 minute. Adaugam orezul, sosul de rosii, bulionul, piperul si sarea si amestecam bine.

Acoperiți și gătiți la foc mare timp de 22 de minute.

Când ați terminat, eliberați presiunea timp de 10 minute, apoi eliberați restul cu catarama cu eliberare rapidă. scoateți capacul. Adăugați ingredientele rămase și amestecați. Serviți și savurați.

Nutriție (la 100 g): 208 calorii 5,6 g grăsimi 32,1 g carbohidrați 8,3 g proteine 863 mg sodiu

Mac & Cheese

Timp de preparare: 10 minute
timpul să gătească: 4 minute
Porții: 8
Nivel de dificultate: Ușor

Ingrediente:

- 1 kilogram de paste integrale de grâu
- 1/2 cană parmezan, ras
- 4 căni de brânză cheddar, rasă
- 1 cană de lapte
- 1/4 lingurita praf de usturoi
- 1/2 lingurita mustar macinat
- 2 linguri de ulei de măsline
- 4 căni de apă
- piper
- Sare

Instrucțiuni:

Adăugați pastele, pudra de usturoi, muștarul, uleiul, apa, piperul și sarea în oala instant. Acoperiți strâns și gătiți la foc mare timp de 4 minute. Când ați terminat, eliberați presiunea cu catarama cu eliberare rapidă. deschide capacul. Adăugați ingredientele rămase și amestecați bine și serviți.

Nutriție (la 100 g): 509 calorii 25,7 g grăsimi 43,8 g carbohidrați 27,3 g proteine 766 mg sodiu

Paste cu ton

Timp de preparare: 10 minute
timpul să gătească: 8 minute
Porții: 6
Nivel de dificultate: Mediu

Ingrediente:

- 10 oz cutie de ton, scurs
- 15 uncii paste rotini din grâu integral
- 4 uncii de mozzarella, tăiată cubulețe
- 1/2 cană parmezan, ras
- 1 lingurita busuioc uscat
- Cutie de 14 oz de roșii
- 4 căni de bulion de legume
- 1 lingura de usturoi, tocat
- 8 uncii de ciuperci, feliate
- 2 dovlecei, feliați
- 1 ceapa, tocata
- 2 linguri de ulei de măsline
- piper
- Sare

Instrucțiuni:

Turnați ulei în oala interioară a Instant Pot și stoarceți oala pentru a se prăji. Adaugati ciupercile, dovlecelul si ceapa si caliti pana se inmoaie ceapa. Adăugați usturoiul și căliți timp de un minut.

Adăugați pastele, busuiocul, tonul, roșiile și bulionul și amestecați bine. Acoperiți și gătiți la foc mare timp de 4 minute. Când ați terminat, eliberați presiunea timp de 5 minute, apoi eliberați restul cu eliberarea rapidă. scoateți capacul. Adăugați ingredientele rămase și amestecați bine și serviți.

Nutriție (la 100 g): 346 calorii 11,9 g grăsimi 31,3 g carbohidrați 6,3 g proteine 830 mg sodiu

Panini amestec de avocado și curcan

Timp de preparare: 5 minute
timpul să gătească: 8 minute
Porții: 2
Nivel de dificultate: Ușor

Ingrediente:

- 2 ardei roșii, prăjiți și tăiați fâșii
- ¼ lb felii subțiri piept de curcan afumat mesquite
- 1 cană frunze întregi de spanac proaspăt, împărțite
- 2 felii de brânză provolone
- 1 lingura ulei de masline, impartit
- 2 rulouri de ciabatta
- ¼ cană maioneză
- ½ avocado copt

Instrucţiuni:

Pasaţi bine maioneza şi avocado într-un castron. Apoi preîncălziţi presa pentru panini.

Tăiaţi chiflele în jumătate şi ungeţi interiorul pâinii cu ulei de măsline. Apoi umplem cu umplutura si stratificam treptat: provolone, piept de curcan, ardei rosu prajit, frunze de spanac si amestec de avocado si acoperim cu a doua felie de paine.

Pune sandvişul în presa de panini şi grătar până când brânza se topeşte şi pâinea este crocantă şi striată, 5 până la 8 minute.

Nutriţie (la 100 g): 546 calorii 34,8 g grăsimi 31,9 g carbohidraţi 27,8 g proteine 582 mg sodiu

Wrap de castraveți, pui și mango

Timp de preparare: 5 minute
timpul să gătească: 20 de minute
Porții: 1
Dificultate: greu D

Ingrediente:

- ½ castravete mediu feliat pe lungime
- ½ mango copt
- 1 lingura sos de salata la alegere
- 1 folie de tortilla de grau integral
- Feliie de piept de pui de 1 inch grosime, de aproximativ 6 inci lungime
- 2 linguri ulei pentru prajit
- 2 linguri de faina integrala de grau
- 2 până la 4 frunze de salată verde
- sare si piper dupa gust

Instrucțiuni:

Tăiați pieptul de pui în fâșii de 1 inch și gătiți fâșii de 6 inci în total. Ar fi două fâșii de pui. Păstrați puiul rămas pentru utilizare ulterioară

Asezonați puiul cu piper și sare. Draga in faina integrala.

Puneți o tigaie antiaderentă mică la foc mediu-mare și încălziți uleiul. Odată ce uleiul este fierbinte, adăugați tăițeii de pui și prăjiți până devin aurii, aproximativ 5 minute pe fiecare parte.

În timp ce puiul se gătește, puneți împachetările de tortilla în cuptor și coaceți timp de 3 până la 5 minute. Apoi puneți deoparte și transferați pe o farfurie.

Tăiați castravetele pe lungime, folosiți doar jumătate și rezervați castravetele rămas. Castravetele se taie in patru si se scot semintele. Puneți două felii de castraveți pe folie de tortilla, la 1 inch de margine.

Tăiați mango și păstrați cealaltă jumătate cu semințe. Curățați mango fără sâmburi, tăiați-i fâșii și puneți-le pe o folie de tortilla.

Odată ce puiul este gătit, puneți puiul pe rând lângă marinadă.

Adăugați o frunză de castravete și stropiți cu sosul pentru salată la alegere.

Rulați tortilla, serviți și savurați.

Nutriție (la 100 g): 434 calorii 10 g grăsimi 65 g carbohidrați 21 g proteine 691 mg sodiu

Fattoush - pâine din Orientul Mijlociu

Timp de preparare: 10 minute
timpul să gătească: 15 minute
Porții: 6
Dificultate: greu D

Ingrediente:

- 2 clatite
- 1 lingura ulei de masline extravirgin
- 1/2 lingurita sumac, mai mult pentru mai tarziu
- sare si piper
- 1 inimă salată romană
- 1 castravete englezesc
- 5 roșii romi
- 5 cepe de primăvară
- 5 ridichi
- 2 cani de crengute de patrunjel proaspat tocate
- 1 cana frunze de menta proaspata tocate
- <u>Ingrediente pentru dressing:</u>
- 1 1/2 lime, suc de la
- 1/3 cană ulei de măsline extravirgin
- sare si piper
- 1 linguriță sumac măcinat
- 1/4 lingurita de scortisoara macinata
- puțin sub 1/4 linguriță de ienibahar măcinat

Instrucțiuni:

Pâinea prăjită în prăjitor de pâine timp de 5 minute. Și apoi spargeți clătitele în bucăți.

Încinge 3 linguri de ulei de măsline într-o tigaie mare la foc mediu-mare timp de 3 minute. Adăugați chiftelul și gătiți, amestecând, până se rumenesc, aproximativ 4 minute.

Adăugați sare, piper și 1/2 linguriță de sumac. Scoateți chipsurile pita de pe foc și puneți-le pe hârtie de bucătărie pentru a se scurge.

Într-un castron mare de salată, amestecați salata verde tocată, castravetele, roșiile, ceapa primăvară, ridichea tocată, menta și pătrunjelul.

Pentru vinegreta de lime, combinați toate ingredientele într-un castron mic.

Amestecați dressingul în salată și amestecați bine. Se amestecă clătită.

Serviți și savurați.

Nutriție (la 100 g): 192 calorii 13,8 g grăsimi 16,1 g carbohidrați 3,9 g proteine 655 mg sodiu

Midiile pe vin alb

Timp de preparare: 5 minute
timpul să gătească: 10 minute
Porții: 2
Dificultate: greu D

Ingrediente:

- 2 kilograme Scoici vii, proaspete
- 1 cană de vin alb sec
- 1/4 linguriță sare de mare, fină
- 3 catei de usturoi, tocati
- 2 lingurite salota taiata cubulete
- 1/4 cana patrunjel, proaspat si tocat, impartit
- 2 linguri de ulei de măsline
- 1/4 lămâie, suc

Instrucțiuni:

Scoateți strecurătoarea, curățați midiile și clătiți-le în apă rece. Aruncați toate scoici care nu se închid atunci când sunt bătute, apoi folosiți un cuțit pentru a îndepărta barba de pe fiecare.

Scoatem oala, punem la foc mediu-mare si adaugam usturoiul, salota, vinul si patrunjelul. Se aduce la fierbere. Odată ce fierbe, adăugați scoici și acoperiți. Lăsați-le la macerat timp de cinci până la șapte minute. Asigurați-vă că nu se fierbe prea mult.

Scoateți-le cu o lingură cu fantă și adăugați în oală sucul de lămâie și uleiul de măsline. Inainte de servire se amesteca bine cu patrunjelul si se toarna bulionul peste midii.

Nutriție (la 100 g): 345 calorii 9 g grăsimi 18 g carbohidrați 37 g proteine 693 mg sodiu

Dilly somon

Timp de preparare: 10 minute
timpul să gătească: 15 minute
Porții: 2
Nivel de dificultate: Mediu

Ingrediente:

- 2 fileuri de somon, câte 6 uncii fiecare
- 1 lingura de ulei de masline
- 1/2 mandarina, suc
- 2 lingurițe de coajă de portocală
- 2 linguri de marar, proaspat si tocat
- Sare de mare si piper negru dupa gust

Instrucțiuni:

Preîncălziți cuptorul la 375 de grade, apoi îndepărtați două bucăți de folie de 10 inci. Ungeți ambele părți ale fileurilor cu ulei de măsline înainte de a asezona cu sare și piper. Așezați fiecare file într-o bucată de folie.

Stoarceți sucul de portocale, apoi stropiți coaja de portocală și mărar. Îndoiți pachetul, asigurându-vă că există doi centimetri de aer în folie pentru a permite peștelui să se aburească, apoi puneți-l pe o foaie de copt.

Coaceți timp de cincisprezece minute înainte de a deschide pachetele și împărțiți-le în două farfurii de servire. Se toarnă sosul înainte de servire.

Nutriție (la 100 g): 366 calorii 14 g grăsimi 9 g carbohidrați 36 g proteine 689 mg sodiu

Somon neted

Timp de preparare: 8 minute
timpul să gătească: 8 minute
Porții: 2
Nivel de dificultate: Ușor

Ingrediente:

- Somon, file de 6 oz
- Lămâie, 2 felii
- capere, 1 lingura
- sare de mare și piper, 1/8 linguriță
- Ulei de măsline extravirgin, 1 lingură

Instrucțiuni:

Pune o tigaie curată la foc mediu și gătește timp de 3 minute. Pune ulei de măsline pe o farfurie și freacă-l peste tot somonul. Prăjiți somonul într-o tigaie la foc mare.

Se amestecă somonul cu ingredientele rămase și se întoarce să se gătească pe fiecare parte. Observați dacă ambele părți sunt maro. Acest lucru poate dura 3-5 minute pe fiecare parte. Asigurați-vă că somonul este gătit testând cu o furculiță.

Serviți cu felii de lămâie.

Nutriție (la 100 g): 371 calorii 25,1 g grăsimi 0,9 g carbohidrați 33,7 g proteine 782 mg sodiu

Melodie cu ton

Timp de preparare: 20 minute
timpul să gătească: 20 de minute
Porții: 2
Nivel de dificultate: Ușor

Ingrediente:

- Ton, 12 oz
- ceapa primavara, 1 pentru garnitura
- Ardei gras, ¼, tocat
- Otet, 1 shot
- sare si piper dupa gust
- Avocado, 1 jumătate și sâmburi
- iaurt grecesc, 2 linguri

Instrucțiuni:

Într-un castron, amestecați tonul cu oțet, ceapa, iaurt, avocado și piper.

Adăugați condimentele, amestecați și serviți cu garnitura de ceață.

Nutriție (la 100 g): 294 calorii 19 g grăsimi 10 g carbohidrați 12 g proteine 836 mg sodiu

brânză de mare

Timp de preparare: 12 minute
timpul să gătească: 25 de minute
Porții: 2
Nivel de dificultate: Ușor

Ingrediente:

- Somon, file de 6 oz
- Busuioc uscat, 1 lingura
- Brânză, 2 linguri, rasă
- Roșie, 1, tocată
- Ulei de măsline extravirgin, 1 lingură

Instrucțiuni:

Preîncălziți cuptorul la 375 F. Tapetați o tavă cu folie de aluminiu și stropiți cu ulei de gătit. Așezați cu grijă somonul pe tava de copt și presărați cu ingredientele rămase.

Lasă somonul să se rumenească 20 de minute. Lăsați să se răcească timp de cinci minute și transferați pe o farfurie de servire. Puteți vedea glazura în centrul somonului.

Nutriție (la 100 g): 411 calorii 26,6 g grăsimi 1,6 g carbohidrați 8 g proteine 822 mg sodiu

Fripturi sănătoase

Timp de preparare: 10 minute
timpul să gătească: 20 de minute
Porții: 2
Nivel de dificultate: Ușor

Ingrediente:

- ulei de măsline, 1 lingură
- Friptură de halibut, 8 oz
- Usturoi, ½ linguriță, tocat
- unt, 1 lingura
- sare si piper dupa gust

Instrucțiuni:

Încinge o tigaie și adaugă ulei. Se prăjesc fripturile într-o tigaie medie-înaltă, se topesc untul și usturoiul, se condimentează cu sare și piper. Adăugați fripturile, amestecați, acoperiți și serviți.

Nutriție (la 100 g): 284 calorii 17 g grăsimi 0,2 g carbohidrați 8 g proteine 755 mg sodiu

somon cu ierburi

Timp de preparare: 8 minute
timpul să gătească: 18 minute
Porții: 2
Nivel de dificultate: Uşor

Ingrediente:

- Somon, 2 fileuri fara piele
- Sare grunjoasă după gust
- Ulei de măsline extravirgin, 1 lingură
- Lămâie, 1, feliată
- Rozmarin proaspăt, 4 crenguțe

Instrucțiuni:

Preîncălziți cuptorul la 400 F. Tapetați o tavă de copt cu folie de aluminiu și puneți deasupra somonul. Presărați ingredientele rămase peste somon și coaceți timp de 20 de minute. Serviți imediat cu felii de lămâie.

Nutriție (la 100 g): 257 calorii 18 g grăsimi 2,7 g carbohidrați 7 g proteine 836 mg sodiu

Ton Glasat Smokey

Timp de preparare: 35 minute
timpul să gătească: 10 minute
Porții: 2
Nivel de dificultate: Uşor

Ingrediente:

- Ton, fripturi de 4 uncii
- suc de portocale, 1 lingura
- usturoi tocat, ½ cățel
- suc de lamaie, ½ lingurita
- Pătrunjel proaspăt, 1 lingură, tocat
- sos de soia, 1 lingura
- Ulei de măsline extravirgin, 1 lingură
- Piper negru măcinat, ¼ linguriță
- Oregano, ¼ linguriță

Instrucțiuni:

Selectați un bol de mixare şi adăugați toate ingredientele, cu excepția tonului. Se amestecă bine şi apoi se adaugă tonul în marinadă. Dați acest amestec la frigider pentru o jumătate de oră. Încinge tigaia grătar şi prăjeşte tonul timp de 5 minute pe fiecare parte. Se serveste fierte.

Nutriție (la 100 g): 200 calorii 7,9 g grăsimi 0,3 g carbohidrați 10 g proteine 734 mg sodiu

Halibut crocant

Timp de preparare: 20 minute
timpul să gătească: 15 minute
Porții: 2
Nivel de dificultate: Ușor

Ingrediente:

- patrunjel deasupra
- Mărar proaspăt, 2 linguri, tocat
- Arpagic proaspăt, 2 linguri, tocat
- ulei de măsline, 1 lingură
- sare si piper dupa gust
- Halibut, file, 6 oz
- Coaja de lamaie, ½ lingurita, rasa fin
- iaurt grecesc, 2 linguri

Instrucțiuni:

Preîncălziți cuptorul la 400 F. Tapetați o foaie de copt cu folie de aluminiu. Puneți toate ingredientele într-un bol larg și marinați fileurile. Clătiți și uscați fileurile; Se da apoi la cuptor si se coace 15 minute.

Nutriție (la 100 g): 273 calorii 7,2 g grăsimi 0,4 g carbohidrați 9 g proteine 783 mg sodiu

Ton potrivit

Timp de preparare: 15 minute
timpul să gătească: 10 minute
Porții: 2
Nivel de dificultate: Ușor

Ingrediente:

- ouă, ½
- Ceapa, 1 lingura, tocata marunt
- blat de telina
- sare si piper dupa gust
- Usturoi, 1 catel, tocat
- Ton conservat, 7 oz
- iaurt grecesc, 2 linguri

Instrucțiuni:

Scurge tonul, adauga ouale si iaurt cu usturoi, sare si piper.

Amestecați acest amestec cu ceapa într-un castron și modelați chiftele. Luați o tigaie mare și prăjiți chiftelele timp de 3 minute pe fiecare parte. Scurgeți și serviți.

Nutriție (la 100 g): 230 calorii 13 g grăsimi 0,8 g carbohidrați 10 g proteine 866 mg sodiu

Fripturi de pește calde și proaspete

Timp de preparare: 14 minute

timpul să gătească: 14 minute

Porții: 2

Nivel de dificultate: Uşor

Ingrediente:

- Usturoi, 1 catel, tocat
- suc de lamaie, 1 lingura
- zahăr brun, 1 lingură
- Friptură de halibut, 1 lb
- sare si piper dupa gust
- sos de soia, ¼ linguriță
- unt, 1 lingura
- iaurt grecesc, 2 linguri

Instrucțiuni:

Preîncălziți grătarul la foc mediu. Amestecă într-un castron untul, zahărul, iaurtul, sucul de lămâie, sosul de soia şi condimentele. Se încălzeşte amestecul într-o tigaie. Ungeți friptura cu acest amestec în timpul grătarului. Se serveste fierbinte.

Nutriție (la 100 g): 412 calorii 19,4 g grăsimi 7,6 g carbohidrați 11 g proteine 788 mg sodiu

Shells O'Marine

Timp de preparare: 20 minute
timpul să gătească: 10 minute
Porții: 2
Nivel de dificultate: Uşor

Ingrediente:

- Midii, curățate și decojite, 1 lb
- lapte de cocos, ½ cană
- ardei Cayenne, 1 lingura
- Suc proaspăt de lămâie, 1 lingură
- Usturoi, 1 lingura, tocat
- Coriandru, proaspăt tocat pentru decor
- zahăr brun, 1 linguriță

Instrucțiuni:

Amestecă toate ingredientele cu excepția midii într-o oală. Se încălzește amestecul și se aduce la fierbere. Adăugați midiile și gătiți timp de 10 minute. Serviți într-un bol cu lichidul de gătit.

Nutriție (la 100 g): 483 calorii 24,4 g grăsimi 21,6 g carbohidrați 1,2 g proteine 499 mg sodiu

Roast Beef Mediteranean la cuptor lent

Timp de preparare: 10 minute
timpul să gătească: 10 ore si 10 minute
Porții: 6
Nivel de dificultate: Mediu

Ingrediente:

- 3 kilograme de friptură, fără os
- 2 lingurite de rozmarin
- ½ ceasca rosii, uscate si tocate
- 10 catei de usturoi rasi
- ½ cană bulion de vită
- 2 linguri de otet balsamic
- ¼ cană pătrunjel italian tocat, proaspăt
- ¼ cană măsline tocate
- 1 lingurita de coaja de lamaie
- ¼ cană gris

Instrucțiuni:

Adăugați usturoiul, roșiile uscate la soare și friptura de vită în aragazul lent. Adăugați bulion de vită și rozmarin. Închideți aragazul și gătiți încet timp de 10 ore.

După gătit, scoateți carnea și tăiați carnea. Aruncă grăsimea. Întoarceți carnea feliată în aragazul lent și gătiți timp de 10 minute. Într-un castron mic, amestecați coaja de lămâie, pătrunjelul și măslinele. Dați amestecul la rece până când este gata de servire. Se ornează cu amestec răcit.

Serviți peste paste sau tăiței cu ou. Acoperiți cu brânză.

Nutriție (la 100 g): 314 calorii 19 g grăsimi 1 g carbohidrați 32 g proteine 778 mg sodiu

Carne de vită mediteraneană Slow Cooker cu anghinare

timp să se pregătească: 3 ore si 20 de minute
timpul să gătească: 7 ore si 8 minute
Porții: 6
Nivel de dificultate: Uşor

Ingrediente:

- 2 kilograme de carne de vită pentru tocană
- 14 uncii inimioare de anghinare
- 1 lingura de ulei de struguri
- 1 ceapa tocata
- 32 uncii de supă de vită
- 4 catei de usturoi, rasi
- 14½ uncii de roșii conservate, tăiate cubulețe
- 15 uncii de sos de roșii
- 1 lingurita de oregano uscat
- ½ cană măsline fără sâmburi, mărunțite
- 1 lingurita patrunjel uscat
- 1 lingurita de oregano uscat
- ½ linguriță de chimen măcinat
- 1 lingurita busuioc uscat
- 1 frunză de dafin
- ½ lingurita de sare

Instrucțiuni:

Se toarnă puțin ulei într-o tigaie mare antiaderentă și se încălzește la foc mediu-mare. Prăjiți carnea de vită până se rumenește pe ambele părți. Transferați carnea de vită în aragazul lent.

Adauga supa de vita, rosiile tocate, sosul de rosii, sare si amesteca. Se toarna peste bulionul de vita, rosiile tocate, oregano, masline, busuioc, patrunjel, dafin si chimen. Amestecați bine amestecul.

Închideți și gătiți la foc mic timp de 7 ore. Aruncați frunza de dafin pentru a servi. Se serveste fierbinte.

Nutriție (la 100 g):416 calorii 5 g grăsimi 14,1 g carbohidrați 29,9 g proteine 811 mg sodiu

Friptură slabă mediteraneană într-un aragaz lent

Timp de preparare: 30 minute
Timp de preparare: 8 ore
Porții: 10
Dificultate: greu D

Ingrediente:

- 4 kilograme de ochi rotund
- 4 catei de usturoi
- 2 lingurite de ulei de masline
- 1 lingurita de piper negru proaspat macinat
- 1 cană ceapă tocată
- 4 morcovi, tocați
- 2 lingurite de rozmarin uscat
- 2 batoane de telina tocate
- 28 uncii roșii zdrobite la conserva
- 1 cană bulion de vită cu conținut scăzut de sodiu
- 1 cană de vin roșu
- 2 lingurite de sare

Instrucțiuni:

Se condimentează friptura cu sare, usturoi și piper și se lasă deoparte. Adăugați ulei într-o tigaie acoperită și încălziți la foc mediu. Se adaugă carnea de vită și se rumenește pe toate părțile.

Acum transferați friptura de vită într-un aragaz lent de 6 litri. Adăugați morcovul, ceapa, rozmarinul și țelina în tigaie. Continuați să gătiți până când ceapa și legumele sunt moi.

Amestecați roșiile și vinul în acest amestec de legume. Adăugați bulionul de vită și amestecul de roșii în aragazul lent împreună cu amestecul de legume. Închideți și gătiți la foc mic timp de 8 ore.

Odată ce carnea este gătită, scoateți-o din slow cooker, așezați-o pe o masă de tăiat și înveliți-o în folie de aluminiu. Pentru a îngroșa sosul, puneți-l într-o cratiță și fierbeți la foc mic până ajunge la consistența dorită. Aruncați grăsimea înainte de servire.

Nutriție (la 100 g): 260 calorii 6 g grăsimi 8,7 g carbohidrați 37,6 g proteine 588 mg sodiu

Friptură de carne într-un aragaz lent

Timp de preparare: 10 minute
timpul să gătească: 6 ore si 10 minute
Porții: 8
Nivel de dificultate: Mediu

Ingrediente:

- 2 kilograme de bizon de pământ
- 1 dovlecel ras
- 2 ouă mari
- Ulei de măsline în spray de gătit după cum este necesar
- 1 dovlecel, tocat
- ½ cana patrunjel proaspat, tocat marunt
- ½ cană de brânză parmezan, rasă
- 3 linguri de otet balsamic
- 4 catei de usturoi, rasi
- 2 linguri ceapa tocata
- 1 lingura de oregano uscat
- ½ lingurita piper negru macinat
- ½ lingurita sare kosher
- A acoperi:
- ¼ cană de brânză mozzarella măruntită
- ¼ cană de ketchup fără zahăr
- ¼ cană pătrunjel proaspăt tocat

Instrucțiuni:

Tapetați interiorul unui aragaz lent de 6 litri cu folie de aluminiu. Pulverizați-l cu ulei de gătit antiaderent.

Într-un castron mare, combinați bizonul măcinat sau muschiul de vită foarte slab, dovlecelul, ouul, pătrunjelul, oțetul balsamic, usturoiul, oregano uscat, sare de mare sau cușer, ceapa uscată tocată și piper negru măcinat.

Adăugați acest amestec în aragazul lent și formați o pâine alungită. Acoperiți aragazul, reduceți focul și gătiți timp de 6 ore. După gătit, deschideți aragazul și ungeți chifla cu ketchup.

Acum puneți brânza ca strat nou deasupra ketchupului și închideți aragazul lent. Lăsați friptura să se odihnească pe aceste două straturi aproximativ 10 minute sau până când brânza începe să se topească. Se orneaza cu patrunjel proaspat si mozzarella rasa.

Nutriție (la 100 g): 320 calorii 2 g grăsimi 4 g carbohidrați 26 g proteine 681 mg sodiu

Hoagies cu carne de vită mediteraneană la fierbere lentă

Timp de preparare: 10 minute
Timp de preparare: 13 ore
Porții: 6
Nivel de dificultate: Mediu

Ingrediente:

- 3 kilograme de carne de vită slabă friptură rotundă
- ½ linguriță praf de ceapă
- ½ linguriță de piper negru
- 3 căni de bulion de vită cu conținut scăzut de sodiu
- 4 lingurițe de amestec de dressing pentru salată
- 1 frunză de dafin
- 1 lingura de usturoi, tocat
- 2 ardei roșii, tăiați subțiri
- 16 uncii de ardei iute
- 8 felii Sargento Provolone, subțiri
- 2 uncii de pâine fără gluten
- ½ lingurita de sare
- <u>La gust:</u>
- 1½ linguriță de praf de ceapă
- 1½ linguriță pudră de usturoi
- 2 linguri de patrunjel uscat

- 1 lingurita stevia
- ½ linguriță de cimbru uscat
- 1 lingura de oregano uscat
- 2 linguri de piper negru
- 1 lingura de sare
- 6 felii de brânză

Instrucțiuni:

Uscați friptura cu un prosop de hârtie. Amestecați piperul negru, praful de ceapă și sarea într-un castron mic și ungeți amestecul peste friptură. Puneți friptura condimentată în slow cooker.

Puneți bulionul, amestecul de dressing, foile de dafin și usturoiul într-un aragaz lent. Conectați-l cu atenție. Acoperiți și lăsați să fiarbă la foc mic timp de 12 ore. După gătit, scoateți frunza de dafin.

Scoateți carnea de vită fiartă și tăiați carnea de vită. Păstrați carnea de vită tocată și adăugați boia de ardei. Puneți ardeii și ardeii iute în aragazul lent. Acoperiți aragazul și gătiți la foc mic timp de 1 oră. Înainte de servire, umpleți fiecare pâine cu 3 uncii de amestec de carne. Acoperiți cu o felie de brânză. Sosul lichid poate fi folosit ca dip.

Nutriție (la 100 g): 442 calorii 11,5 g grăsimi 37 g carbohidrați 49 g proteine 735 mg sodiu

Friptură de porc mediteraneană

Timp de preparare: 10 minute

timpul să gătească: 8 ore si 10 minute

Porții: 6

Nivel de dificultate: Mediu

Ingrediente:

- 2 linguri de ulei de măsline
- 2 kilograme friptură de porc
- ½ lingurita boia
- ¾ cană supă de pui
- 2 lingurițe de salvie uscată
- ½ lingură de usturoi tocat
- ¼ de linguriță maghiran uscat
- ¼ linguriță rozmarin uscat
- 1 lingurita de oregano
- ¼ linguriță de cimbru uscat
- 1 lingurita busuioc
- ¼ linguriță sare kosher

Instrucțiuni:

Într-un castron mic, combinați bulionul, uleiul, sarea și condimentele. Se toarnă ulei de măsline într-o tigaie și se încălzește la foc mediu. Se adaugă carnea de porc și se călește până se rumenește pe toate părțile.

Când carnea de porc este gătită, scoateți-o și străpungeți friptura peste tot cu un cuțit. Puneți friptura de porc într-o oală de 6 litri. Acum turnați amestecul lichid din vasul mic peste friptură.

Acoperiți oala și gătiți la foc mic timp de 8 ore. După ce s-a fiert, se scoate din oală, se așează pe o masă de tăiat și se taie în bucăți. Apoi puneți carnea de porc tocată înapoi în oală. Gatiti inca 10 minute. Se serveste cu branza feta, paine si rosii.

Nutriție (la 100 g): 361 calorii 10,4 g grăsimi 0,7 g carbohidrați 43,8 g proteine 980 mg sodiu

pizza de vita

Timp de preparare: 20 minute
timpul să gătească: 50 de minute
Porții: 10
Dificultate: greu D

Ingrediente:

- <u>Pentru crusta:</u>
- 3 căni de făină universală
- 1 lingura de zahar
- 2¼ lingurițe de drojdie uscată activă
- 1 lingurita de sare
- 2 linguri de ulei de măsline
- 1 cană apă caldă
- <u>Pentru vopsire:</u>
- 1 kg carne de vită tocată
- 1 ceapa medie, tocata
- 2 linguri de piure de rosii
- 1 lingura de chimen macinat
- Sare si piper negru macinat dupa nevoie
- ¼ cană de apă
- 1 cană spanac proaspăt, tocat
- 8 uncii inimioare de anghinare, tăiate în sferturi
- 4 uncii ciuperci proaspete, feliate

- 2 rosii, tocate
- 4 uncii de brânză feta, mărunțită

Instrucțiuni:

Pentru crusta:

Amestecați făina, zahărul, drojdia și sarea într-un robot de bucătărie prevăzut cu un cârlig de aluat. Se adauga 2 linguri de ulei si apa calduta si se face un aluat neted si elastic.

Modelați aluatul într-o bilă și lăsați-l să se odihnească aproximativ 15 minute.

Puneți aluatul pe o suprafață ușor înfăinată și rulați în cerc. Turnați aluatul într-o tavă rotundă pentru pizza unsă ușor cu uns și apăsați ușor. Se lasa deoparte aproximativ 10-15 minute. Ungeți crusta cu puțin ulei. Preîncălziți cuptorul la 400 de grade F.

Pentru vopsire:

Rumeniți carnea de vită într-o tigaie acoperită la foc mediu timp de aproximativ 4-5 minute. Se amestecă ceapa și se prăjește aproximativ 5 minute, amestecând des. Adauga pasta de rosii, chimen, sare, piper negru si apa si amesteca.

Setați focul la mediu și gătiți aproximativ 5-10 minute. Scoateți de pe aragaz și lăsați deoparte. Peste pizza se pune amestecul de vita si se pune deasupra spanacul, apoi anghinarea, ciupercile, rosiile si branza feta.

Coaceți până se topește brânza. Scoateți din cuptor și lăsați să se odihnească 3-5 minute înainte de a tăia felii. Se taie felii de marimea dorita si se serveste.

Nutriție (la 100 g): 309 calorii 8,7 g grăsimi 3,7 g carbohidrați 3,3 g proteine 732 mg sodiu

Chiftele de vită și bulgur

Timp de preparare: 20 minute
timpul să gătească: 28 de minute
Porții: 6
Nivel de dificultate: Mediu

Ingrediente:

- ¾ cană bulgur nefiert
- 1 kg carne de vită tocată
- ¼ cană eșalotă, tocată
- ¼ cană pătrunjel proaspăt, tocat
- ½ linguriță de ienibahar măcinat
- ½ linguriță de chimen măcinat
- ½ lingurita de scortisoara macinata
- ¼ de linguriță fulgi de ardei roșu, zdrobiți
- sare, la nevoie
- 1 lingura de ulei de masline

Instrucțiuni:

Înmuiați bulgurul într-un castron mare cu apă rece timp de aproximativ 30 de minute. Scurgeți bine bulgurul, apoi strângeți cu mâinile pentru a elimina excesul de apă. Intr-un robot de bucatarie, amestecati bulgurul, carnea de vita, salota, patrunjelul, condimentele, sarea si leguminoasele pana se omogenizeaza.

Se pune amestecul într-un bol, se acoperă și se dă la frigider pentru aproximativ 30 de minute. Scoateți din frigider și modelați amestecul de vită în bile de aceeași dimensiune. Într-o tigaie mare antiaderență, încălziți uleiul la foc mediu-mare și gătiți chiftelele în 2 reprize, aproximativ 13-14 minute, întorcându-le frecvent. Serviți cald.

Nutriție (la 100 g): 228 calorii 7,4 g grăsimi 0,1 g carbohidrați 3,5 g proteine 766 mg sodiu

Carne de vită și broccoli gustoasă

Timp de preparare: 10 minute
timpul să gătească: 15 minute
Porții: 4
Nivel de dificultate: Ușor

Ingrediente:

- 1 și ½ kilograme. friptură de flanc
- 1 lingura. ulei de masline
- 1 lingura. Sos tamari
- 1 cană bulion de vită
- 1 kilogram de broccoli, buchețele separate

Instrucțiuni:

Se amestecă fâșiile de friptură cu ulei și tamari, se amestecă și se lasă să se odihnească 10 minute. Porniți oala instant în modul de prăjire, adăugați tăițeii de vită și prăjiți-i timp de 4 minute pe fiecare parte. Se amestecă bulionul, se acoperă din nou oala și se fierbe la foc mare timp de 8 minute. Se amestecă broccoli, se acoperă și se fierbe la foc mare încă 4 minute. Se pune totul pe farfurii si se serveste. Bucurați-vă!

Nutriție (la 100 g): 312 calorii 5 g grăsimi 20 g carbohidrați 4 g proteine 694 mg sodiu

Carne de Vită Porumb Chili

Timp de preparare: 8-10 minute
timpul să gătească: 30 minute
Porții: 8
Nivel de dificultate: Mediu

Ingrediente:

- 2 cepe mici, tocate (marunt)
- ¼ cană de porumb conservat
- 1 lingura de ulei
- 10 uncii de carne de vită macră
- 2 ardei iute mici, tăiați cubulețe

Instrucțiuni:

Porniți Instant Pot. Faceți clic pe „SAUTEN". Se toarnă uleiul, apoi se amestecă ceapa, ardeiul iute și carnea de vită; gătiți până devine translucid și se înmoaie. Turnați 3 căni de apă în oală; amesteca bine.

Închideți capacul. Selectați CARNE/PRAC. Setați cronometrul pentru 20 de minute. Lasă-l să se gătească până când cronometrul ajunge la zero.

Faceți clic pe „CANCEL" și apoi pe „NPR" pentru a elibera presiunea naturală timp de aproximativ 8-10 minute. Deschideți bolul și puneți-l pe farfurii de servire. Servi.

Nutriție (la 100 g):94 calorii 5 g grăsimi 2 g carbohidrați 7 g proteine 477 mg sodiu

Mancare balsamica de vita

Timp de preparare: 5 minute
timpul să gătească: 55 de minute
Porții: 8
Nivel de dificultate: Mediu

Ingrediente:

- 3 kilograme de friptură de chuck
- 3 catei de usturoi, feliati subtiri
- 1 lingura de ulei
- 1 lingurita de otet aromat
- ½ linguriță de piper
- ½ lingurita rozmarin
- 1 lingura de unt
- ½ linguriță de cimbru
- ¼ cană oțet balsamic
- 1 cană bulion de vită

Instrucțiuni:

Tăiați fâșii în aluat și umpleți felii de usturoi de jur împrejur. Se amestecă oțetul condimentat, rozmarinul, piperul, cimbru și se întinde amestecul pe preparatele de copt. Setați oala în modul de sote și amestecați uleiul, lăsați uleiul să se încălzească. Coacem din ambele părți.

Scoate-l și pune-l deoparte. Se amestecă untul, bulionul, oțetul balsamic și se deglasează tigaia. Întoarceți friptura și închideți capacul, apoi coaceți la foc mare timp de 40 de minute.

Efectuați o eliberare rapidă. Servi!

Nutriție (la 100 g): 393 calorii 15 g grăsimi 25 g carbohidrați 37 g proteine 870 mg sodiu

Roast beef cu sos de soia

Timp de preparare: 8 minute
timpul să gătească: 35 de minute
Porții: 2-3
Nivel de dificultate: Mediu

Ingrediente:

- ½ linguriță de bulion de vită
- 1 ½ linguriță de rozmarin
- ½ linguriță de usturoi tocat
- 2 kilograme de friptură de vită
- 1/3 cană sos de soia

Instrucțiuni:

Amestecă într-un castron sosul de soia, bulionul, rozmarinul și usturoiul.

Porniți Instant Pot. Așezați friptura și acoperiți cu suficientă apă pentru a acoperi friptura; se amestecă ușor pentru a se amesteca bine. Închideți-l bine.

Faceți clic pe funcția de gătit „CARNE/TOCANĂ"; Setați nivelul de presiune la „HIGH" și setați timpul de gătire la 35 de minute. Lăsați presiunea să crească pentru a găti ingredientele. Când ați terminat, faceți clic pe setarea „CANCEL" și apoi faceți clic pe funcția de gătit „NPR" pentru a elibera presiunea în mod natural.

Deschideți treptat capacul și tăiați carnea. Amestecați carnea tocată înapoi în pământ și amestecați bine. Se toarnă în boluri de servire. Serviți cald.

Nutriție (la 100 g): 423 calorii 14 g grăsimi 12 g carbohidrați 21 g proteine 884 mg sodiu

Friptură de vită cu rozmarin

Timp de preparare: 5 minute
timpul să gătească: 45 de minute
Porții: 5-6
Nivel de dificultate: Mediu

Ingrediente:

- 3 kilograme de friptură
- 3 catei de usturoi
- ¼ cană oțet balsamic
- 1 crenguță de rozmarin proaspăt
- 1 crenguță de cimbru proaspăt
- 1 cană de apă
- 1 lingura de ulei vegetal
- sare si piper dupa gust

Instrucţiuni:

Se taie friptura de vita si se adauga cateii de usturoi. Ungeţi friptura cu ierburi, piper negru şi sare. Preîncălziţi oala instantanee până la sote şi turnaţi ulei în ea. După încălzire, se amestecă friptura de vită şi se prăjeşte până se rumeneşte pe toate părţile, amestecând continuu. Adăugaţi ingredientele rămase; amestecaţi uşor.

Închideţi ermetic şi gătiţi la foc mare la setare manuală timp de 40 de minute. Eliberaţi presiunea în mod natural, aproximativ 10 minute. Acoperiţi roast beef şi puneţi-l pe farfurii de servire, feliaţi şi serviţi.

Nutriţie (la 100 g): 542 calorii 11,2 g grăsimi 8,7 g carbohidraţi 55,2 g proteine 710 mg sodiu

Cotlete de porc și sos de roșii

Timp de preparare: 10 minute
timpul să gătească: 20 de minute
Porții: 4
Nivel de dificultate: Ușor

Ingrediente:

- 4 cotlete de porc, dezosate
- 1 lingura de sos de soia
- ¼ lingurita ulei de susan
- 1 cană și jumătate de pastă de roșii
- 1 ceapa galbena
- 8 ciuperci, feliate

Instrucțiuni:

Se amestecă cotletele de porc într-un bol cu sosul de soia și uleiul de susan, se amestecă și se lasă să stea 10 minute. Setați oala instantanee în modul sot, adăugați cotletele de porc și prăjiți-le timp de 5 minute pe fiecare parte. Se amestecă ceapa și se călește încă 1-2 minute. Adăugați piureul de roșii și ciupercile, amestecați, acoperiți și gătiți la foc mare timp de 8-9 minute. Se pune totul pe farfurii si se serveste. Bucurați-vă!

Nutriție (la 100 g): 300 calorii 7 g grăsimi 18 g carbohidrați 4 g proteine 801 mg sodiu

Pui cu sos de capere

Timp de preparare: 10 minute
timpul să gătească: 18 minute
Porții: 5
Dificultate: greu D

Ingrediente:

- Pentru pui:
- 2 oua
- Sare si piper negru macinat dupa nevoie
- 1 cană pesmet uscat
- 2 linguri de ulei de măsline
- 1½ kilograme de piept de pui dezosat și fără piele, mărunțiți până la „grosimea de un centimetru și tăiat în bucăți"
- Pentru sosul de capere:
- 3 linguri de capere
- ½ cană de vin alb sec
- 3 linguri de suc proaspăt de lămâie
- Sare si piper negru macinat dupa nevoie
- 2 linguri patrunjel proaspat, tocat

Instrucțiuni:

Pentru pui: într-un castron puțin adânc, adăugați ouăle, sarea și piperul negru și amestecați până se omogenizează bine. Într-un alt bol puțin adânc, adăugați pesmetul. Înmuiați bucățile de pui în amestecul de ouă, apoi acoperiți uniform cu pesmet. Ștergeți excesul de pesmet.

Încinge uleiul la foc mediu-mare și prăjește bucățile de pui aproximativ 5-7 minute pe fiecare parte sau până când sunt gata. Asezati bucatile de pui cu o lingura cu fanta pe o farfurie tapetata cu hartie de bucatarie. Acoperiți bucățile de pui cu o bucată de folie pentru a le menține calde.

În aceeași tigaie, adăugați toate ingredientele pentru sos, cu excepția pătrunjelului și gătiți aproximativ 2-3 minute, amestecând continuu. Se amestecă pătrunjelul și se scoate de pe aragaz. Serviți bucățile de pui acoperite cu sos de capere.

Nutriție (la 100 g): 352 calorii 13,5 g grăsimi 1,9 g carbohidrați 1,2 g proteine 741 mg sodiu

Burger de curcan cu salsa de mango

Timp de preparare: 15 minute
timpul să gătească: 10 minute
Porții: 6
Nivel de dificultate: Ușor

Ingrediente:

- 1½ kg piept de curcan măcinat
- 1 lingurita sare de mare, impartita
- ¼ de lingurita piper negru proaspat macinat
- 2 linguri ulei de masline extravirgin
- 2 mango, decojite, fără sămânță și tăiate cubulețe
- ½ ceapa rosie, tocata marunt
- suc de 1 lime
- 1 catel de usturoi, tocat
- ½ ardei jalapeño, fără semințe și tocat mărunt
- 2 linguri frunze proaspete de coriandru tocate

Instrucțiuni:

Faceți 4 chifle din piept de curcan și asezonați cu ½ linguriță de sare de mare și piper. Încinge ulei de măsline într-o tigaie antiaderentă până strălucește. Adăugați chiftelele de curcan și gătiți până se rumenesc, aproximativ 5 minute pe parte. În timp ce se gătesc chiftelele, combinați mango, ceapa roșie, sucul de lămâie, usturoiul, jalapeño, coriandru și jumătate de linguriță de sare de mare rămasă într-un castron mic. Turnați salsa peste chiftele de curcan și serviți.

Nutriție (la 100 g): 384 calorii 3 g grăsimi 27 g carbohidrați 34 g proteine 692 mg sodiu

Piept de curcan fript cu ierburi

Timp de preparare: 15 minute
timpul să gătească: 1 ora si jumatate (plus 20 de minute de odihna)
Porții: 6
Nivel de dificultate: Mediu

Ingrediente:

- 2 linguri ulei de masline extravirgin
- 4 catei de usturoi, tocati
- coaja de 1 lamaie
- 1 lingura frunze de cimbru proaspat tocate
- 1 lingura frunze proaspete de rozmarin tocate
- 2 linguri patrunjel italian proaspat tocat
- 1 lingurita mustar macinat
- 1 lingurita de sare de mare
- ¼ de lingurita piper negru proaspat macinat
- 1 (6 livre) piept de curcan dezosat, pe piele
- 1 cană de vin alb sec

Instrucțiuni:

Preîncălziți cuptorul la 325°F. Amestecați uleiul de măsline, usturoiul, coaja de lămâie, cimbru, rozmarin, pătrunjel, muștar, sare de mare și piper. Ungeți uniform pieptul de curcan cu amestecul de ierburi, desfaceți pielea și acoperiți și partea inferioară. Puneți pieptul de curcan cu pielea în sus în tava de prăjire de pe grătar.

Se toarnă vinul în tigaie. Se prăjește până când curcanul atinge o temperatură internă de 165 de grade F, 1 până la 1 oră și jumătate. Se scoate din cuptor si se tine la cald separat cu folie de aluminiu timp de 20 de minute inainte de a feli.

Nutriție (la 100 g): 392 calorii 1 g grăsime 2 g carbohidrați 84 g proteine 741 mg sodiu

Cârnați de pui și boia de ardei

Timp de preparare: 10 minute
timpul să gătească: 20 de minute
Porții: 6
Nivel de dificultate: Mediu

Ingrediente:

- 2 linguri ulei de masline extravirgin
- 6 link-uri către cârnați de pui italian
- 1 ceapă
- 1 ardei rosu
- 1 ardei verde
- 3 catei de usturoi, tocati
- ½ cană de vin alb sec
- ½ linguriță de sare de mare
- ¼ de lingurita piper negru proaspat macinat
- Un praf de fulgi de ardei rosu

Instrucțiuni:

Încinge uleiul de măsline într-o tigaie mare până strălucește. Adăugați cârnați și gătiți, întorcându-le ocazional, până când se rumenesc și temperatura internă atinge 165 ° F, 5 până la 7 minute. Cu ajutorul cleștilor, scoateți cârnații din tigaie și păstrați-l la cald pe o farfurie acoperită cu folie de aluminiu.

Aduceți tigaia la aragaz și amestecați ceapa, ardeiul roșu și ardeiul verde. Gatiti, amestecand din cand in cand, pana cand legumele incep sa se rumeneasca. Adăugați usturoiul și gătiți timp de 30 de secunde, amestecând continuu.

Se amestecă vinul, sarea de mare, piperul și fulgii de ardei roșu. Scoateți bucățile rumenite de pe fundul tigaii și răsturnați-le. Gatiti, amestecand, inca 4 minute, pana scade lichidul la jumatate. Presărați ardeii peste cârnați și serviți.

Nutriție (la 100 g): 173 calorii 1 g grăsime 6 g carbohidrați 22 g proteine 582 mg sodiu

Pui Piccata

Timp de preparare: 10 minute
timpul să gătească: 15 minute
Porții: 6
Nivel de dificultate: Mediu

Ingrediente:

- ½ cană făină integrală
- ½ linguriță de sare de mare
- 1/8 lingurita piper negru proaspat macinat
- 1½ kg piept de pui, tăiat în 6 bucăți
- 3 linguri ulei de masline extravirgin
- 1 cană bulion de pui nesărat
- ½ cană de vin alb sec
- suc de 1 lămâie
- coaja de 1 lamaie
- ¼ cană capere, scurse și clătite
- ¼ cană pătrunjel proaspăt tocat

Instrucțiuni:

Într-un castron puțin adânc, amestecați făina, sarea de mare și piperul. Trageți puiul în făină și îndepărtați excesul. Gatiti uleiul de masline pana se intinde.

Adăugați puiul și gătiți până se rumenește, aproximativ 4 minute pe parte. Scoateți puiul din tigaie și lăsați-l deoparte, acoperit cu folie de aluminiu, pentru a se menține cald.

Puneti tigaia pe foc si adaugati bulionul, vinul, zeama de lamaie, coaja de lamaie si caperele. Folosind o lingură, îndoiți toate bucățile rumenite de pe fundul tigaii. Gatiti pana se ingroasa lichidul. Luați tigaia de pe foc și puneți puiul înapoi în tigaie. Întoarce-te la haină. Se amestecă pătrunjelul și se servește.

Nutriție (la 100 g): 153 calorii 2 g grăsimi 9 g carbohidrați 8 g proteine 692 mg sodiu

Pui toscan la tigaie

Timp de preparare: 10 minute
timpul să gătească: 25 de minute
Porții: 6
Dificultate: greu D

Ingrediente:

- ¼ cană ulei de măsline extravirgin, împărțit
- 1 kilogram de piept de pui dezosat și fără piele, tăiat în bucăți de centimetri
- 1 ceapa, tocata
- 1 ardei rosu, tocat
- 3 catei de usturoi, tocati
- ½ cană de vin alb sec
- 1 cutie (14 uncii) de roșii zdrobite, nescurcate
- 1 cutie (14 uncii) de roșii tăiate cubulețe, scurse
- 1 cutie de fasole (14 uncii), scursă
- 1 lingură condiment italian uscat
- ½ linguriță de sare de mare
- 1/8 lingurita piper negru proaspat macinat
- 1/8 linguriță fulgi de ardei roșu
- ¼ cană frunze de busuioc proaspăt tocate

Instrucțiuni:

Gatiti in 2 linguri de ulei de masline pana se rumenesc. Se amestecă puiul și se prăjește până se rumenește. Scoateți puiul din tigaie și păstrați-l cald pe o farfurie acoperită cu folie de aluminiu.

Pune tigaia din nou pe foc si incinge uleiul de masline ramas. Adăugați ceapa și ardeiul roșu. Gatiti, amestecand din cand in cand, pana cand legumele sunt fragede. Adăugați usturoiul și gătiți timp de 30 de secunde, amestecând continuu.

Se amestecă vinul și se folosește partea laterală a lingurii pentru a răzui bucățile rumenite de pe fundul cratiței. Gatiti 1 minut, amestecand continuu.

Se amestecă roșiile piure și tocate, fasolea, condimentele italiene, sare de mare, piper și fulgi de ardei roșu. A fierbe. Gatiti 5 minute, amestecand din cand in cand.

Puneți puiul și toate sucurile care s-au acumulat în tigaie. Gatiti pana cand puiul este gata. Se ia de pe foc si se amesteca busuiocul inainte de servire.

Nutriție (la 100 g): 271 calorii 8 g grăsimi 29 g carbohidrați 14 g proteine 596 mg sodiu

Pui Kapama

Timp de preparare: 10 minute
Timp de preparare: 2 ore
Porții: 4
Nivel de dificultate: Mediu

Ingrediente:

- 1 cutie (32 uncii) de roșii tăiate cubulețe, scurse
- ¼ cană de vin alb sec
- 2 linguri de piure de rosii
- 3 linguri ulei de masline extravirgin
- ¼ de linguriță fulgi de ardei roșu
- 1 linguriță de ienibahar măcinat
- ½ linguriță de oregano uscat
- 2 cuișoare întregi
- 1 baton de scortisoara
- ½ linguriță de sare de mare
- 1/8 lingurita piper negru proaspat macinat
- 4 jumătăți de piept de pui dezosate și fără piele

Instrucțiuni:

Într-o oală mare, combinați roșiile, vinul, pasta de roșii, uleiul de măsline, fulgii de ardei roșu, ienibaharul, oregano, cuișoare, scorțișoară, sare de mare și piper. Se aduce la fierbere, amestecând din când în când. Gatiti 30 de minute, amestecand din cand in cand.

Scoateți și aruncați întregul cuișoare și batonul de scorțișoară din sos și lăsați sosul să se răcească.

Preîncălziți cuptorul la 350°F. Pune puiul într-o tavă de copt de 9 pe 13 inci. Turnați sosul peste pui și acoperiți tava cu folie. Continuați coacerea până când temperatura internă atinge 165°F.

Nutriție (la 100 g): 220 calorii 3 g grasimi 11 g carbohidrati 8 g proteine 923 mg sodiu

Piept de pui umplut cu spanac si feta

Timp de preparare: 10 minute
timpul să gătească: 45 de minute
Porții: 4
Nivel de dificultate: Mediu

Ingrediente:

- 2 linguri ulei de masline extravirgin
- 1 kilogram de spanac proaspăt
- 3 catei de usturoi, tocati
- coaja de 1 lamaie
- ½ linguriță de sare de mare
- 1/8 lingurita piper negru proaspat macinat
- ½ cană brânză feta mărunțită
- 4 piept de pui dezosati si fara piele

Instrucțiuni:

Preîncălziți cuptorul la 350°F. Gatiti uleiul de masline la foc mediu pana cand straluceste. Adăugați spanacul. Continuați să gătiți și să amestecați până se ofilesc.

Se amestecă usturoiul, coaja de lămâie, sare de mare și piper. Gatiti 30 de secunde, amestecand continuu. Se lasă să se răcească puțin și se amestecă brânza.

Întindeți uniform amestecul de spanac și brânză peste bucățile de pui și rulați piepții în jurul umpluturii. Depozitați sigilat cu scobitori sau sfoară de măcelar. Puneți piepții într-o tavă de copt de 9 pe 13 inci și coaceți timp de 30 până la 40 de minute, sau până când temperatura internă a puiului este de 165 F. Scoateți din cuptor și lăsați să se odihnească timp de 5 minute înainte de a feli și de a servi.

Nutriție (la 100 g): 263 calorii 3 g grăsimi 7 g carbohidrați 17 g proteine 639 mg sodiu

Pulpe de pui prăjite cu rozmarin

Timp de preparare: 5 minute
Timp de gătire: 1 oră
Porții: 6
Nivel de dificultate: Ușor

Ingrediente:

- 2 linguri de frunze proaspete de rozmarin tocate
- 1 lingurita de praf de usturoi
- ½ linguriță de sare de mare
- 1/8 lingurita piper negru proaspat macinat
- coaja de 1 lamaie
- 12 tobe de pui

Instrucțiuni:

Preîncălziți cuptorul la 350°F. Se amestecă rozmarinul, pudra de usturoi, sarea de mare, piperul și coaja de lămâie.

Puneți tobe într-o tavă de copt de 9" x 13" și stropiți cu amestec de rozmarin. Se prăjește până când puiul atinge o temperatură internă de 165 ° F.

Nutriție (la 100 g): 163 calorii 1 g grăsime 2 g carbohidrați 26 g proteine 633 mg sodiu

Pui cu ceapa, cartofi, smochine si morcovi

Timp de preparare: 5 minute

timpul să gătească: 45 de minute

Porții: 4

Nivel de dificultate: Mediu

Ingrediente:

- 2 căni de cartofi copți, tăiați la jumătate
- 4 smochine proaspete, tăiate în sferturi
- 2 morcovi, julienne
- 2 linguri ulei de masline extravirgin
- 1 lingurita sare de mare, impartita
- ¼ de lingurita piper negru proaspat macinat
- 4 sferturi de pulpe de pui
- 2 linguri patrunjel proaspat tocat

Instrucțiuni:

Preîncălziți cuptorul la 425°C. Într-un castron mic, amestecați cartofii, smochinele și morcovii cu uleiul de măsline, ½ linguriță sare de mare și piper. Răspândiți într-o tavă de copt de 9 pe 13 inci.

Asezonați puiul cu sare de mare rămasă. Se pune deasupra legumelor. Prăjiți până când legumele sunt fragede și puiul atinge o temperatură internă de 165°F. Se presara patrunjel si se serveste.

Nutriție (la 100 g): 429 calorii 4 g grasimi 27 g carbohidrati 52 g proteine 581 mg sodiu

Gyros de pui cu tzatziki

Timp de preparare: 15 minute
timpul să gătească: 1 oră şi 20 de minute
Porţii: 6
Nivel de dificultate: Mediu

Ingrediente:

- 1 kg piept de pui măcinat
- 1 ceapa, rasa si storsa cu apa in exces
- 2 linguri de rozmarin uscat
- 1 lingura maghiran uscat
- 6 catei de usturoi, tocati
- ½ linguriță de sare de mare
- ¼ de lingurita piper negru proaspat macinat
- Sos tzatziki

Instrucţiuni:

Preîncălziţi cuptorul la 350°F. Într-un robot de bucătărie, combinaţi puiul, ceapa, rozmarinul, maghiranul, usturoiul, sarea de mare şi piperul. Se amestecă până când amestecul formează o pastă. Alternativ, amestecaţi bine aceste ingrediente într-un castron (vezi sfatul de preparare).

Presam amestecul in bol. Coaceți până ajunge la o temperatură internă de 165 de grade. Scoateți din cuptor și lăsați să se odihnească 20 de minute înainte de a tăia felii.

Tăiați gyros-urile și turnați peste ele sosul tzatziki.

Nutriție (la 100 g): 289 calorii 1 g grăsime 20 g carbohidrați 50 g proteine 622 mg sodiu

musaca

Timp de preparare: 10 minute
timpul să gătească: 45 de minute
Porții: 8
Dificultate: greu D

Ingrediente:

- 5 linguri ulei de măsline extravirgin, împărțit
- 1 vinete, feliate (necojite)
- 1 ceapa, tocata
- 1 ardei verde, fara samburi si tocat
- 1 kilogram de curcan măcinat
- 3 catei de usturoi, tocati
- 2 linguri de piure de rosii
- 1 cutie (14 uncii) de roșii tăiate cubulețe, scurse
- 1 lingură de condimente italiene
- 2 lingurite sos Worcestershire
- 1 lingurita de oregano uscat
- ½ lingurita de scortisoara macinata
- 1 cană iaurt grecesc simplu fără grăsime, neîndulcit
- 1 ou, batut
- ¼ de lingurita piper negru proaspat macinat
- ¼ lingurita de nucsoara macinata
- ¼ cană parmezan ras
- 2 linguri patrunjel proaspat tocat

Instrucțiuni:

Preîncălziți cuptorul la 400°C. Gatiti in 3 linguri de ulei de masline pana se rumenesc. Adăugați feliile de vinete și prăjiți timp de 3 până la 4 minute pe fiecare parte. Transferați pe hârtie de bucătărie pentru a se scurge.

Puneti tigaia din nou pe foc si turnati restul de 2 linguri de ulei de masline. Adăugați ceapa și ardeiul verde. Continuați să gătiți până când legumele sunt fragede. Scoateți din tavă și lăsați deoparte.

Pune tigaia pe foc si amesteca curcanul. Se prăjește aproximativ 5 minute, se sfărâmă cu o lingură până se rumenește. Se amestecă usturoiul și se prăjește timp de 30 de secunde.

Se amestecă pasta de roșii, roșii, condimente italiene, sos Worcestershire, oregano și scorțișoară. Întoarceți ceapa și ardeiul în tigaie. Gatiti 5 minute, amestecand continuu. Amestecați iaurtul, oul, ardeiul, nucșoara și brânza.

Răspândiți jumătate din amestecul de carne într-o tavă de copt de 9 pe 13 inci. Puneți deasupra jumătate din vinete. Adăugați amestecul de carne rămas și vinetele rămase. Se unge cu amestecul de iaurt. Coaceți până devin aurii. Se orneaza cu patrunjel si se serveste.

Nutriție (la 100 g): 338 calorii 5 g grăsimi 16 g carbohidrați 28 g proteine 569 mg sodiu

Muschiu de porc din Dijon si ierburi

Timp de preparare: 10 minute
timpul să gătească: 30 minute
Porții: 6
Nivel de dificultate: Mediu

Ingrediente:

- ½ cană pătrunjel italian proaspăt, tocat
- 3 linguri frunze proaspete de rozmarin, tocate
- 3 linguri frunze de cimbru proaspăt, tocate
- 3 linguri muștar de Dijon
- 1 lingura ulei de masline extravirgin
- 4 catei de usturoi, tocati
- ½ linguriță de sare de mare
- ¼ de lingurita piper negru proaspat macinat
- 1 (1½ kilogram) muschi de porc

Instrucțiuni:

Preîncălziți cuptorul la 400°C. Amesteca patrunjelul, rozmarinul, cimbrul, mustarul, uleiul de masline, usturoiul, sare de mare si piper. Bateți până se omogenizează timp de aproximativ 30 de secunde. Întindeți amestecul uniform peste carnea de porc și puneți-l pe o tavă de copt cu margine.

Prăjiți până când carnea atinge o temperatură internă de 140 ° F. Scoateți din cuptor și lăsați să se odihnească 10 minute înainte de a tăia și a servi.

Nutriție (la 100 g): 393 calorii 3 g grăsimi 5 g carbohidrați 74 g proteine 697 mg sodiu

Friptură cu sos de ciuperci de vin roșu

timp să se pregătească: Minute plus 8 ore de marinare
timpul să gătească: 20 de minute
Porții: 4
Dificultate: greu D

Ingrediente:

- Pentru marinată și friptură
- 1 cană de vin roșu sec
- 3 catei de usturoi, tocati
- 2 linguri ulei de masline extravirgin
- 1 lingură sos de soia cu conținut scăzut de sodiu
- 1 lingura de cimbru uscat
- 1 lingurita mustar de Dijon
- 2 linguri ulei de masline extravirgin
- 1 până la 1½ kilograme de friptură, friptură de fier plat sau friptură cu trei vârfuri
- Pentru sosul de ciuperci
- 2 linguri ulei de masline extravirgin
- 1 kg de ciuperci cremini, tăiate în sferturi
- ½ linguriță de sare de mare
- 1 lingurita de cimbru uscat
- 1/8 lingurita piper negru proaspat macinat
- 2 catei de usturoi, tocati

- 1 cană de vin roșu sec

Instrucțiuni:

Pentru marinată și friptură

Într-un castron mic, amestecați vinul, usturoiul, uleiul de măsline, sosul de soia, cimbrul și muștarul. Puneți într-o pungă resigibilă și adăugați friptura. Pune friptura la frigider pentru 4 până la 8 ore pentru a o marina. Scoateți friptura din marinadă și uscați cu un prosop de hârtie.

Încinge uleiul de măsline într-o tigaie mare până strălucește.

Puneți friptura și gătiți până când se rumenește pe fiecare parte și friptura atinge o temperatură internă de 140 ° F, aproximativ 4 minute pe parte. Scoateți friptura din tigaie și puneți-o pe o farfurie acoperită cu folie de aluminiu pentru a se menține caldă în timp ce pregătiți sosul de ciuperci.

Când sosul de ciuperci este gata, tăiați friptura împotriva bobului în felii de ½ inch.

Pentru sosul de ciuperci

În aceeași tigaie, încălziți uleiul la foc mediu. Adăugați ciupercile, sare de mare, cimbru și piper. Gatiti, foarte rar, pana se rumenesc ciupercile, 6 minute.

Prăjiți usturoiul. Se amestecă vinul și se îndepărtează bucățile rumenite de pe fundul tigaii cu partea unei linguri de lemn. Gatiti pana scade lichidul la jumatate. Serviți ciupercile tăiate în fripturi.

Nutriție (la 100 g):405 calorii 5 g grăsimi 7 g carbohidrați 33 g proteine 842 mg sodiu

chiftele grecești

Timp de preparare: 20 minute
timpul să gătească: 25 de minute
Porții: 4
Nivel de dificultate: Mediu

Ingrediente:

- 2 felii de paine integrala
- 1¼ de kilograme de curcan măcinat
- 1 ou
- ¼ cană pesmet de grâu integral condimentat
- 3 catei de usturoi, tocati
- ¼ ceapa rosie, rasa
- ¼ cană pătrunjel italian proaspăt tocat
- 2 linguri frunze de menta proaspata tocate
- 2 linguri de frunze proaspete de oregano tocate
- ½ linguriță de sare de mare
- ¼ de lingurita piper negru proaspat macinat

Instrucțiuni:

Preîncălziți cuptorul la 350°F. Așezați hârtie de copt sau folie pe tavă. Lăsați pâinea sub apă să se umezească și stoarceți excesul de pâine. Rupeți pâinea umedă în bucăți mici și puneți-o într-un castron mediu.

Adăugați curcanul, oul, pesmetul, usturoiul, ceapa roșie, pătrunjelul, menta, oregano, sare de mare și piper. Amesteca bine. Modelați amestecul în bile de mărimea unei cani de 1/4. Puneți chiftelele pe foaia de copt pregătită și coaceți aproximativ 25 de minute sau până când temperatura internă atinge 165°F.

Nutriție (la 100 g): 350 calorii 6 g grăsimi 10 g carbohidrați 42 g proteine 842 mg sodiu

Miel cu fasole

Timp de preparare: 10 minute
Timp de gătire: 1 oră
Porții: 6
Dificultate: greu D

Ingrediente:

- ¼ cană ulei de măsline extravirgin, împărțit
- 6 cotlete de miel tăiate din excesul de grăsime
- 1 lingurita sare de mare, impartita
- ½ linguriță de piper negru proaspăt măcinat
- 2 linguri de piure de rosii
- 1½ cani de apa fierbinte
- 1 kilogram de fasole verde, tăiată și tăiată la jumătate în cruce
- 1 ceapa, tocata
- 2 rosii, tocate

Instrucțiuni:

Încinge 2 linguri de ulei de măsline într-o tigaie mare până strălucește. Condimentează cotletele de miel cu ½ linguriță de sare de mare și 1/8 linguriță de piper. Prăjiți mielul în ulei încins aproximativ 4 minute pe fiecare parte, până se rumenește pe ambele părți. Pune carnea pe o farfurie si lasa deoparte.

Puneti tigaia din nou pe foc si adaugati restul de 2 linguri de ulei de masline. Se încălzește până când strălucește.

Dizolvam piureul de rosii in apa fierbinte intr-un castron. Adăugați în tigaia încinsă împreună cu fasolea verde, ceapa, roșiile și ½ linguriță de sare de mare rămasă și ¼ de linguriță de piper. Aduceți la fierbere și folosiți o lingură laterală pentru a răzui bucățile rumenite de pe fundul cratiței.

Întoarceți cotletele de miel în tigaie. Aduceți la fierbere și reduceți căldura la mediu-scăzut. Gatiti 45 de minute pana cand fasolea se inmoaie, adaugand mai multa apa dupa cum este necesar pentru a regla grosimea sosului.

Nutriție (la 100 g): 439 calorii 4 g grăsimi 10 g carbohidrați 50 g proteine 745 mg sodiu

Pui in sos balsamic de rosii

Timp de preparare: 10 minute
timpul să gătească: 20 de minute
Porții: 4
Nivel de dificultate: Mediu

ingrediente

- 2 (8 oz sau 226,7 g fiecare) piept de pui dezosat și fără piele
- ½ linguriță. Sare-
- ½ linguriță. piper măcinat
- 3 linguri. Ulei de măsline extra virgin
- ½ c. roșii cherry tăiate în jumătate
- 2 linguri. eșalotă tocată
- ¼ c. oțet balsamic
- 1 lingura. usturoi tocat
- 1 lingura. semințe de fenicul prăjite, zdrobite
- 1 lingura. unt

Instrucțiuni:

Tăiați pieptul de pui în 4 bucăți și bateți cu un ciocan până la o grosime de ¼ inch. Folosiți ¼ de linguriță de piper și sare pentru a acoperi puiul. Se incinge doua linguri de ulei intr-o tigaie si se tine la foc mediu. Prăjiți piepții de pui timp de trei minute pe fiecare parte. Se aseaza pe un platou de servire si se acopera cu folie pentru a se mentine la cald.

Adăugați 1 lingură ulei, eșalotă și roșii în tigaie și gătiți până se înmoaie. Adăugați oțetul și gătiți amestecul până când oțetul scade la jumătate. Adăugați semințele de fenicul, usturoiul, sare și piper și gătiți aproximativ patru minute. Scoateți de pe aragaz și amestecați cu untul. Turnați acest sos peste pui și serviți.

Nutriție (la 100 g): 294 calorii 17 g grăsimi 10 g carbohidrați 2 g proteine 639 mg sodiu

Orez brun, feta, mazăre proaspătă și salată de mentă

Timp de preparare: 10 minute
timpul să gătească: 25 de minute
Porții: 4
Nivel de dificultate: Ușor

Ingrediente:

- 2 c. orez brun
- 3 c. apă
- Sare
- 5 oz. sau 141,7 g brânză feta mărunțită
- 2 c. mazăre fiartă
- ½ c. menta tocata, proaspata
- 2 linguri. ulei de masline
- sare si piper

Instrucțiuni:

Puneți orezul brun, apa și sarea într-o cratiță la foc mediu-înalt, acoperiți și aduceți la fierbere. Coborâți flacăra și lăsați să fiarbă până când apa s-a dizolvat și orezul este moale, dar mestecat. Se lasa sa se raceasca complet

Puneti feta, mazarea, menta, uleiul de masline, sare si piper intr-un castron de salata cu orezul racit si amestecati. Serviți și bucurați-vă!

Nutriție (la 100 g): 613 calorii 18,2 g grăsimi 45 g carbohidrați 12 g proteine 755 mg sodiu

Pâine pita din grâu integral umplută cu măsline și năut

Timp de preparare: 10 minute
timpul să gătească: 20 de minute
Porții: 2
Nivel de dificultate: Mediu

Ingrediente:

- 2 buzunare de pita de grau integral
- 2 linguri. ulei de masline
- 2 catei de usturoi, tocati
- 1 ceapa, tocata
- ½ linguriță. seminte de chimen
- 10 masline negre, tocate
- 2 c. năut fiert
- sare si piper

Instrucțiuni:

Tăiați buzunarele de pita și lăsați deoparte, dați focul la mediu mare și porniți tigaia. Adăugați ulei de măsline și încălziți. Adăugați usturoiul, ceapa și chimenul în tigaia încinsă și amestecați până ce ceapa se înmoaie și chimenul este parfumat. Adăugați măslinele, năutul, sare, piper și amestecați până când năutul devine auriu

Luați tigaia de pe foc și zdrobiți grosolan năutul cu o lingură de lemn, lăsând o parte intactă și una piure. Încălzește buzunarele de pita în cuptorul cu microunde, cuptor sau într-o tigaie curată pe aragaz

Umple-le cu amestecul tău de năut și bucură-te!

Nutriție (la 100 g): 503 calorii 19 g grăsimi 14 g carbohidrați 15,7 g proteine 798 mg sodiu

Morcovi prajiti cu nuca si fasole cannellini

Timp de preparare: 10 minute
timpul să gătească: 45 de minute
Porții: 4
Nivel de dificultate: Mediu

Ingrediente:

- 4 morcovi decojiti, tocati
- 1 c. nuci
- 1 lingura. Valentine
- 2 linguri. ulei de masline
- 2 c. Fasole Cannellini, scursa
- 1 crenguță proaspătă de cimbru
- sare si piper

Instrucțiuni:

Preîncălziți cuptorul la 400 F/204 C și tapetați o foaie de copt sau o tavă cu hârtie de copt. Puneți morcovii și nucile pe o tavă de copt sau o tavă tapetată cu hârtie de copt. Stropiți uleiul de măsline și mierea peste morcovi și nuci, amestecând pentru a acoperi fiecare bucată. Presarati fasolea pe o tava si sapa in morcovi si nuci

Se adauga cimbrul si se condimenteaza cu sare si piper. Pune tava la cuptor si coace aproximativ 40 de minute.

Serviți și savurați

Nutriție (la 100 g): 385 calorii 27 g grăsimi 6 g carbohidrați 18 g proteine 859 mg sodiu

Pui cu unt condimentat

Timp de preparare: 10 minute
timpul să gătească: 25 de minute
Porții: 4
Nivel de dificultate: Mediu

Ingrediente:

- ½ c. smântână groasă
- 1 lingura. Sare
- ½ c. bulion de oase
- 1 lingura. piper
- 4 linguri. unt
- 4 jumătăți de piept de pui

Instrucțiuni:

Puneți o tigaie pe aragaz la foc mediu-mare și adăugați o lingură de unt. Odată ce untul este cald și topit, adăugați puiul și prăjiți timp de cinci minute pe fiecare parte. La sfârșitul acestui timp, puiul trebuie să fie fiert și auriu; Dacă da, pune-l pe farfurie.

Apoi adăugați bulionul de oase în tigaia caldă. Adăugați smântână groasă, sare și piper. Apoi lăsați tigaia în pace până când sosul începe să fiarbă. Lăsați acest proces să funcționeze timp de cinci minute pentru a îngroșa sosul.

La sfârșit, adăugați restul de unt și pui înapoi în tigaie. Asigurați-vă că folosiți o lingură pentru a turna sosul peste pui și a înăbuși complet. Servi

Nutriție (la 100 g): 350 calorii 25 g grăsimi 10 g carbohidrați 25 g proteine 869 mg sodiu

Pui cu branza dubla cu bacon

Timp de preparare: 10 minute
timpul să gătească: 30 minute
Porții: 4
Nivel de dificultate: Ușor

Ingrediente:

- 4 uncii. sau 113 g. cremă de brânză
- 1 c. Cheddar
- 8 fasii de bacon
- sare de mare
- piper
- 2 catei de usturoi, tocati marunt
- Piept de pui
- 1 lingura. grăsime de slănină sau unt

Instrucțiuni:

Preîncălziți cuptorul la 400 F/204 C. Prăjiți pieptul de pui pentru a se subțire

Se condimenteaza cu sare, piper si usturoi, se unge o tava de copt cu unt si se aseaza pieptul de pui in el. Unti crema de branza si cheddar pe piept

Se adauga si feliile de bacon, se da tava la cuptor pentru 30 de minute si se serveste fierbinte

Nutriție (la 100 g): 610 calorii 32 g grăsimi 3 g carbohidrați 38 g proteine 759 mg sodiu

Creveți cu lămâie și piper

Timp de preparare: 10 minute
timpul să gătească: 10 minute
Porții: 4
Nivel de dificultate: Ușor

Ingrediente:

- 40 de creveți decojiti, decojiti
- 6 catei de usturoi, tocati
- sare si piper negru
- 3 linguri. ulei de masline
- ¼ lingurita boia dulce
- Un praf de fulgi de ardei rosu macinati
- ¼ linguriță coajă de lămâie rasă
- 3 linguri. Sherry sau alt vin
- 1½ linguriță. arpagic tocat
- suc de 1 lămâie

Instrucțiuni:

Setați focul la mediu-mare și porniți tigaia.

Adăugați ulei și creveți, stropiți cu piper și sare și gătiți timp de 1 minut. Adăugați boia de ardei, usturoi și fulgi de piper, amestecați și gătiți timp de 1 minut. Se amestecă ușor sherry și se fierbe încă un minut

Luați creveții de pe foc, adăugați arpagicul și coaja de lămâie, amestecați și împărțiți creveții în farfurii. Stropiți totul cu suc de lămâie și serviți

Nutriție (la 100 g): 140 calorii 1 g grăsime 5 g carbohidrați 18 g proteine 694 mg sodiu

Halibut copt și condimentat

Timp de preparare: 5 minute
timpul să gătească: 25 de minute
Porții: 4
Nivel de dificultate: Ușor

Ingrediente:

- ¼ c. arpagic proaspăt tocat
- ¼ c. mărar proaspăt tocat
- ¼ lingurita piper negru macinat
- C. Pesmet Panko
- 1 lingura. Ulei de măsline extra virgin
- 1 lingura coaja de lamaie rasa fin
- 1 lingura sare de mare
- 1/3 c. patrunjel proaspat tocat
- 4 fileuri de halibut (170 g fiecare).

Instrucțiuni:

Într-un castron mediu, combinați uleiul de măsline și ingredientele rămase, cu excepția fileurilor de halibut și a pesmetului

Adăugați fileurile de halibut la amestec și marinați timp de 30 de minute. Preîncălziți cuptorul la 400°F. Tapetați o foaie de copt cu folie de aluminiu și stropiți cu spray de gătit. Înmuiați fileurile în pesmet și puneți-le pe o tavă de copt. Coaceți la cuptor pentru 20 de minute. Se serveste fierbinte

Nutriție (la 100 g): 667 calorii 24,5 g grăsimi 2 g carbohidrați 54,8 g proteine 756 mg sodiu

Un simplu zoodle

Timp de preparare: 10 minute
timpul să gătească: 5 minute
Porții: 2
Nivel de dificultate: Ușor

Ingrediente:

- 2 linguri de ulei de avocado
- 2 dovlecei medii, spiralati
- ¼ lingurita sare
- Piper negru proaspăt măcinat, după gust

Instrucțiuni:

Într-o tigaie mare, la foc mediu-mare, încălziți uleiul de avocado până strălucește. Adăugați tăițeii de dovlecei, sare și piper negru în tigaie și amestecați pentru a se acoperi. Gatiti, amestecand continuu, pana se inmoaie. Serviți cald.

Nutriție (la 100 g): 128 calorii 14 g grăsimi 0,3 g carbohidrați 0,3 g proteine 811 mg sodiu

Învelișuri de linte pentru roșii

Timp de preparare: 15 minute
timpul să gătească: 0 minute
Porții: 4
Nivel de dificultate: Ușor

Ingrediente:

- 2 cani de linte fiarta
- 5 roșii rom, tăiate cubulețe
- ½ cană brânză feta mărunțită
- 10 frunze mari de busuioc proaspăt, feliate subțiri
- ¼ cană ulei de măsline extravirgin
- 1 lingura otet balsamic
- 2 catei de usturoi, tocati
- ½ linguriță de miere crudă
- ½ lingurita de sare
- ¼ de lingurita piper negru proaspat macinat
- 4 frunze mari de varză, tulpinile îndepărtate

Instrucțiuni:

Se amestecă lintea, roșiile, brânza, frunzele de busuioc, uleiul de măsline, oțetul, usturoiul, mierea, sarea și piperul negru și se amestecă bine.

Puneți frunzele de varză pe o suprafață de lucru plană. Pune o cantitate egală din amestecul de linte pe marginile frunzelor. Rulați și tăiați în jumătate pentru a servi.

Nutriție (la 100 g): 318 calorii 17,6 g grăsimi 27,5 g carbohidrați 13,2 g proteine 800 mg sodiu

Vas cu legume mediteraneene

Timp de preparare: 10 minute
timpul să gătească: 20 de minute
Porții: 4
Nivel de dificultate: Mediu

Ingrediente:

- 2 căni de apă
- 1 cană de grâu bulgur #3 sau quinoa, clătită
- 1½ linguriță sare, împărțită
- 1 halbă (2 căni) de roșii cherry, tăiate la jumătate
- 1 ardei gras mare, tocat
- 1 castravete mare, feliat
- 1 cană măsline Kalamata
- ½ cană suc de lămâie proaspăt stors
- 1 cană ulei de măsline extravirgin
- ½ linguriță de piper negru proaspăt măcinat

Instrucțiuni:

Într-o cratiță medie, aduceți apa la fiert la foc mediu-înalt.

Adăugați bulgurul (sau quinoa) și 1 linguriță de sare. Acoperiți și gătiți timp de 15 până la 20 de minute.

Pentru a aranja legumele în 4 boluri, împărțiți vizual fiecare bol în 5 părți. Puneți bulgurul fiert într-o parte. Urmează roșii, ardei, castraveți și măsline.

Amestecați sucul de lămâie, uleiul de măsline, ½ linguriță de sare rămasă și piper negru.

Împărțiți uniform dressingul în 4 boluri. Se serveste imediat sau se acopera si se da la frigider pentru mai tarziu.

Nutriție (la 100 g): 772 calorii 9 g grăsimi 6 g proteine 41 g carbohidrați 944 mg sodiu

Acoperiți cu legume la grătar și hummus

Timp de preparare: 15 minute

timpul să gătească: 10 minute

Porții: 6

Nivel de dificultate: Mediu

Ingrediente:

- 1 vinete mare
- 1 ceapă mare
- ½ cană ulei de măsline extravirgin
- 1 lingurita de sare
- 6 împachetări lavash sau pâine mare
- 1 cană de hummus tradițional cremos

Instrucțiuni:

Preîncălziți un grătar, o tigaie mare sau o tigaie mare ușor unsă cu ulei la foc mediu-mare. Tăiați vinetele și ceapa rondele. Ungeți legumele cu ulei de măsline și stropiți cu sare.

Prăjiți legumele pe ambele părți, aproximativ 3 până la 4 minute pe fiecare parte. Pentru a face un wrap, puneți lavash sau pita plat. Adăugați aproximativ 2 linguri de hummus în folie.

Împărțiți legumele uniform între ambalaje și puneți-le de-a lungul unei laturi a ambalajului. Îndoiți ușor peste partea de legume a învelișului, închideți pentru a forma un înveliș strâns.

Așezați cusătura de înfășurare în jos și tăiați în jumătate sau treimi.

De asemenea, puteți înveli fiecare sandviș în folie de plastic pentru a-și păstra forma și a-l mânca mai târziu.

Nutriție (la 100 g): 362 calorii 10 g grăsimi 28 g carbohidrați 15 g proteine 736 mg sodiu

fasole verde spaniolă

Timp de preparare: 10 minute
timpul să gătească: 20 de minute
Porții: 4
Nivel de dificultate: Uşor

Ingrediente:

- ¼ cană ulei de măsline extravirgin
- 1 ceapa mare, tocata
- 4 catei de usturoi, tocati marunt
- 1 kilogram de fasole verde, proaspătă sau congelată, tocată
- 1½ linguriță sare, împărțită
- 1 cutie (15 uncii) de roșii tăiate cubulețe
- ½ linguriță de piper negru proaspăt măcinat

Instrucțiuni:

Încinge uleiul de măsline, ceapa și usturoiul; Gatiti 1 minut. Tăiați fasolea verde în bucăți de 2 inci. Adăugați fasole verde și 1 linguriță de sare în oală și amestecați; Gatiti 3 minute. Adăugați roșii tăiate cubulețe, ½ linguriță de sare rămasă și piper negru în oală; gătiți încă 12 minute, amestecând din când în când. Serviți cald.

Nutriție (la 100 g): 200 calorii 12 g grasimi 18 g carbohidrati 4 g proteine 639 mg sodiu

Haș rustic de conopidă și morcovi

Timp de preparare: 10 minute
timpul să gătească: 10 minute
Porții: 4
Nivel de dificultate: Ușor

Ingrediente:

- 3 linguri ulei de masline extravirgin
- 1 ceapa mare, tocata
- 1 lingura de usturoi, tocat
- 2 căni de morcovi, tăiați cubulețe
- 4 cani de conopida spalata
- 1 lingurita de sare
- ½ linguriță de chimen măcinat

Instrucțiuni:

Gatiti uleiul de masline, ceapa, usturoiul si morcovul timp de 3 minute. Tăiați conopida în bucăți de 1 inch sau bucăți de mărimea unei mușcături. Adăugați în tigaie conopida, sarea și chimenul și amestecați cu morcovii și ceapa.

Acoperiți și gătiți timp de 3 minute. Adăugați legumele și gătiți încă 3 până la 4 minute. Serviți cald.

Nutriție (la 100 g): 159 calorii 17 g grăsimi 15 g carbohidrați 3 g proteine 569 mg sodiu

Conopida si rosii la cuptor

Timp de preparare: 5 minute
timpul să gătească: 25 de minute
Porții: 4
Nivel de dificultate: Mediu

Ingrediente:

- 4 căni de conopidă, tăiată în bucăți de 1 inch
- 6 linguri ulei de măsline extravirgin, împărțit
- 1 lingurita sare, impartita
- 4 cani de rosii cherry
- ½ linguriță de piper negru proaspăt măcinat
- ½ cană parmezan ras

Instrucțiuni:

Preîncălziți cuptorul la 425°C. Într-un castron mare, combinați conopida, 3 linguri de ulei de măsline și ½ linguriță de sare, amestecând uniform. Puneți într-un strat uniform pe tava de copt.

Într-un alt castron mare, adăugați roșiile, restul de 3 linguri de ulei de măsline și ½ linguriță de sare și împărțiți uniform. Se toarnă pe altă tavă. Coaceți frunza de conopidă și cea de roșie la cuptor pentru 17 până la 20 de minute, până când conopida se rumenește ușor și roșiile sunt pline.

Cu o spatulă, puneți conopida într-un vas de servire și stropiți cu roșiile, piper negru și parmezan. Serviți cald.

Nutriție (la 100 g): 294 calorii 14 g grăsimi 13 g carbohidrați 9 g proteine 493 mg sodiu

Dovleac ghinda copt

Timp de preparare: 10 minute
timpul să gătească: 35 de minute
Porții: 6
Nivel de dificultate: Mediu

Ingrediente:

- 2 dovlecei ghinda, mijlocii spre mari
- 2 linguri ulei de masline extravirgin
- 1 lingurita sare, plus mai mult dupa gust
- 5 linguri de unt nesarat
- ¼ cană frunze de salvie tocate
- 2 linguri de frunze proaspete de cimbru
- ½ linguriță de piper negru proaspăt măcinat

Instrucțiuni:

Preîncălziți cuptorul la 400°C. Tăiați dovleacul ghindă în jumătate pe lungime. Răzuiți semințele și tăiați-le orizontal în felii groase de centimetri. Într-un castron mare, stropiți dovleceii cu ulei de măsline, stropiți cu sare și amestecați pentru a se acoperi.

Puneți dovlecelul de ghindă pe o tavă de copt. Se pune pe o tava de copt la cuptor si se coace dovleacul timp de 20 de minute. Întoarceți dovleacul cu o spatulă și coaceți încă 15 minute.

Într-o cratiță medie, înmoaie untul la foc mediu-mare. Adăugați salvie și cimbru în untul topit și gătiți timp de 30 de secunde.

Transferați feliile de dovleac fierte pe o farfurie. Turnați amestecul de unt și ierburi peste dovleac. Se condimentează cu sare și piper negru. Serviți cald.

Nutriție (la 100 g): 188 calorii 13 g grăsimi 16 g carbohidrați 1 g proteine 836 mg sodiu

Spanac cu usuroi prajit

Timp de preparare: 5 minute
timpul să gătească: 10 minute
Porții: 4
Nivel de dificultate: Uşor

Ingrediente:

- ¼ cană ulei de măsline extravirgin
- 1 ceapă mare, tăiată subțire
- 3 catei de usturoi, tocati
- 6 (1 lb) pungi de spanac pentru copii, spălate
- ½ lingurita de sare
- 1 lămâie, tăiată felii

Instrucțiuni:

Într-o tigaie mare, căliți uleiul de măsline, ceapa și usturoiul la foc mediu-mare timp de 2 minute. Adăugați punga de spanac și ½ linguriță de sare. Acoperiți tigaia și lăsați spanacul să se ofilească timp de 30 de secunde. Repetați procesul (fără sare) adăugând câte 1 pungă de spanac.

Când ați adăugat tot spanacul, scoateți capacul și gătiți timp de 3 minute pentru a se evapora o parte din umiditate. Se serveste cald cu coaja de lamaie deasupra.

Nutriție (la 100 g): 301 calorii 12 g grăsimi 29 g carbohidrați 17 g proteine 639 mg sodiu

Dovlecei prăjiți cu usturoi și mentă

Timp de preparare: 5 minute
timpul să gătească: 10 minute
Porții: 4
Nivel de dificultate: Ușor

Ingrediente:

- 3 dovlecei verzi mari
- 3 linguri ulei de masline extravirgin
- 1 ceapa mare, tocata
- 3 catei de usturoi, tocati
- 1 lingurita de sare
- 1 lingurita de menta uscata

Instrucțiuni:

Tăiați dovlecelul în cuburi de ½ inch. Prăjiți uleiul de măsline, ceapa și usturoiul timp de 3 minute, amestecând continuu.

Adăugați dovleceii și sare în tigaie și amestecați cu ceapa și usturoiul și gătiți timp de 5 minute. Adăugați menta în tigaie și amestecați pentru a se combina. Gatiti inca 2 minute. Serviți cald.

Nutriție (la 100 g): 147 calorii 16 g grăsimi 12 g carbohidrați 4 g proteine 723 mg sodiu

Bame înăbușite

Timp de preparare: 55 minute

timpul să gătească: 25 de minute

Porții: 4

Nivel de dificultate: Uşor

Ingrediente:

- ¼ cană ulei de măsline extravirgin
- 1 ceapa mare, tocata
- 4 catei de usturoi, tocati marunt
- 1 lingurita de sare
- 1 kilogram de bame proaspete sau congelate, decojite
- 1 conserve (15 uncii) de sos de roşii obişnuit
- 2 căni de apă
- ½ cană de coriandru proaspăt, tocat mărunt
- ½ linguriță de piper negru proaspăt măcinat

Instrucțiuni:

Amestecați şi prăjiți uleiul de măsline, ceapa, usturoiul şi sarea timp de 1 minut. Se amestecă bamele şi se fierbe timp de 3 minute.

Adăugați sos de roşii, apă, coriandru şi piper negru; se amestecă, se acoperă şi se fierbe timp de 15 minute, amestecând din când în când. Serviți cald.

Nutriție (la 100 g): 201 calorii 6 g grăsimi 18 g carbohidrați 4 g proteine 693 mg sodiu

Ardei dulci umpluti cu legume

Timp de preparare: 20 minute
timpul să gătească: 30 minute
Porții: 6
Nivel de dificultate: Mediu

Ingrediente:

- 6 ardei mari, culori diferite
- 3 linguri ulei de masline extravirgin
- 1 ceapa mare, tocata
- 3 catei de usturoi, tocati
- 1 morcov, tocat
- 1 conserve (16 uncii) de năut, clătit și scurs
- 3 căni de orez fiert
- 1½ linguriță de sare
- ½ linguriță de piper negru proaspăt măcinat

Instrucțiuni:

Preîncălziți cuptorul la 350°F. Asigurați-vă că alegeți ardei care pot sta în picioare. Tăiați capacul ardeiului și îndepărtați semințele, rezervând capacul pentru mai târziu. Puneti ardeii in cratita.

Se încălzește uleiul de măsline, ceapa, usturoiul și morcovul timp de 3 minute. Se amestecă năutul. Gatiti inca 3 minute. Luați de pe foc și puneți ingredientele fierte într-un castron mare. Adăugați orez, sare și piper; arunca pentru a combina.

Îndesați fiecare ardei deasupra și apoi puneți capacele pe ardei. Acoperiți tava cu folie și coaceți timp de 25 de minute. Scoateți folia și coaceți încă 5 minute. Serviți cald.

Nutriție (la 100 g): 301 calorii 15 g grăsimi 50 g carbohidrați 8 g proteine 803 mg sodiu

Musaca de vinete

Timp de preparare: 55 minute
timpul să gătească: 40 de minute
Porții: 6
Dificultate: greu D

Ingrediente:

- 2 vinete mari
- 2 lingurițe de sare, împărțite
- Spray cu ulei de măsline
- ¼ cană ulei de măsline extravirgin
- 2 cepe mari, feliate
- 10 catei de usturoi, feliati
- 2 cutii (15 uncii) de roșii tăiate cubulețe
- 1 conserve (16 uncii) de năut, clătit și scurs
- 1 lingurita de oregano uscat
- ½ linguriță de piper negru proaspăt măcinat

Instrucțiuni:

Tăiați vinetele pe orizontală în felii rotunde groase de ¼ inch. Se presară feliile de vinete cu 1 linguriță de sare și se pun într-o strecurătoare timp de 30 de minute.

Preîncălziți cuptorul la 450°F. Uscați feliile de vinete cu un prosop de hârtie și pulverizați fiecare parte cu spray de ulei de măsline sau ungeți ușor fiecare parte cu ulei de măsline.

Puneți vinetele într-un singur strat pe o tavă de copt. Se da la cuptor si se coace 10 minute. Apoi, folosind o spatulă, întoarceți feliile și mai coaceți încă 10 minute.

Se caleste uleiul de masline, ceapa, usturoiul si restul de 1 lingurita de sare. Gatiti 5 minute, amestecand rar. Adăugați roșiile, năutul, oregano și piper negru. Gatiti 12 minute, amestecand din cand in cand.

Într-o caserolă adâncă, începeți să stratificați, începând cu vinetele și apoi cu sosul. Repetați până când sunt folosite toate ingredientele. Coaceți la cuptor pentru 20 de minute. Scoateți din cuptor și serviți cald.

Nutriție (la 100 g): 262 calorii 11 g grăsimi 35 g carbohidrați 8 g proteine 723 mg sodiu

Frunze de struguri umplute cu legume

Timp de preparare: 50 minute
timpul să gătească: 45 de minute
Porții: 8
Nivel de dificultate: Mediu

Ingrediente:

- 2 căni de orez alb, clătit
- 2 rosii mari, tocate marunt
- 1 ceapa mare, tocata marunt
- 1 ceapa primavara, tocata marunt
- 1 cana patrunjel italian proaspat, tocat marunt
- 3 catei de usturoi, tocati
- 2½ lingurițe de sare
- ½ linguriță de piper negru proaspăt măcinat
- 1 cană (16 uncii) de frunze de struguri
- 1 cană suc de lămâie
- ½ cană ulei de măsline extravirgin
- 4 până la 6 căni de apă

Instrucțiuni:

Amestecați orezul, roșiile, ceapa, ceapa primăvară, pătrunjelul, usturoiul, sare și piper negru. Scurgeți și clătiți frunzele de struguri. Pregătiți o oală mare punând pe fund un strat de frunze de struguri. Așezați fiecare frunză plată și tăiați orice tulpină.

Pune 2 linguri de amestec de orez pe fundul fiecărei frunze. Îndoiți părțile laterale și apoi rulați cât mai strâns posibil. Puneți frunzele de viță de vie rulate în oală și aplatizați fiecare frunză de viță de vie rulată. Apoi stratificați frunzele de viță de vie rulate.

Turnați ușor sucul de lămâie și uleiul de măsline peste frunzele de viță de vie și adăugați suficientă apă pentru a acoperi frunzele de viță de vie cu 1 inch. Asezati o farfurie grea, mai mica decat deschiderea oalei, cu capul in jos pe frunzele de vita de vie. Acoperiți oala și gătiți frunzele la foc mediu-mare timp de 45 de minute. Lăsați să stea 20 de minute înainte de servire. Serviți cald sau rece.

Nutriție (la 100 g): 532 calorii 15 g grăsimi 80 g carbohidrați 12 g proteine 904 mg sodiu

Rulouri de vinete la gratar

Timp de preparare: 30 minute
timpul să gătească: 10 minute
Porții: 6
Nivel de dificultate: Mediu

Ingrediente:

- 2 vinete mari
- 1 lingurita de sare
- 4 uncii brânză de capră
- 1 cană de ricotta
- ¼ cană busuioc proaspăt, tocat mărunt
- ½ linguriță de piper negru proaspăt măcinat
- Spray cu ulei de măsline

Instrucțiuni:

Tăiați vârfurile de pe vinete și feliați vinetele pe lungime în felii de ¼ inch. Se presară feliile cu sare și se pun vinetele într-o strecurătoare timp de 15 până la 20 de minute.

Brânză de capră, ricotta, busuioc și piper. Preîncălziți un grătar, o tigaie sau o tigaie ușor unsă cu ulei la foc mediu-mare. Se usucă feliile de vinete și se pulverizează ușor cu ulei de măsline. Puneți vinetele pe grătar, grătar sau tigaie și gătiți timp de 3 minute pe fiecare parte.

Se ia vinetele de pe foc si se lasa sa se raceasca 5 minute. Pentru a rula, așezați o felie de vinete, așezați o lingură de amestec de brânză pe fundul feliei și rulați. Se serveste imediat sau se da la frigider pana este gata de servire.

Nutriție (la 100 g): 255 calorii 7 g grăsimi 19 g carbohidrați 15 g proteine 793 mg sodiu

Chișuvele crocante de dovlecel

Timp de preparare: 15 minute
timpul să gătească: 20 de minute
Porții: 6
Nivel de dificultate: Ușor

Ingrediente:

- 2 dovlecei verzi mari
- 2 linguri patrunjel italian, tocat marunt
- 3 catei de usturoi, tocati
- 1 lingurita de sare
- 1 cană de făină
- 1 ou mare, bătut
- ½ cană de apă
- 1 lingurita de praf de copt
- 3 căni de ulei vegetal sau de avocado

Instrucțiuni:

Răziți dovlecelul într-un castron mare. Pune intr-un bol patrunjelul, usturoiul, sarea, faina, oul, apa si praful de copt si amestecam. Într-o tigaie mare sau o friteuză, încălziți uleiul la 365°F la foc mediu.

Turnați aluatul de gogoși în uleiul fierbinte. Întoarceți gogoșile cu o lingură cu fantă și prăjiți până devin aurii, aproximativ 2 până la 3 minute. Scurgeți gogoșile din ulei și puneți-le pe o tavă de copt tapetată cu prosoape de hârtie. Serviți cald cu Tzatziki cremos sau hummus tradițional cremos ca o baie.

Nutriție (la 100 g): 446 calorii 2 g grăsimi 19 g carbohidrați 5 g proteine 812 mg sodiu

www.ingramcontent.com/pod-product-compliance
Lightning Source LLC
Chambersburg PA
CBHW071423080526
44587CB00014B/1723